江苏省2010年省级精品课程(SP09008)
江苏省教育厅2008年"青蓝工程"基金资助项目
江苏省教育厅高校哲学社会科学研究项目(项目编号:2010SJB740001)
江苏省十二五重点专业资助项目(专业代码:050207)

日语名言警句随身听
持ち歩く日本語

（基础篇）

主　　审	平山崇	小林荣三	田村恭平			
主　　编	赵平	李洁	平山崇			
副 主 编	熊玉娟	王景辉				
参　　编	张勇	赵康英	石路明	黄周	张利平	崔忠	毕鲁杰
	赵翛羽	李爱华	赵妮	肖飒	织本夏子	福冈昌子	
	山崎美佳	神田耕太郎	神野未央	高鹏飞	杨树曾	龟川秀子	
	惟康洋一						
录　　音	惟康洋一	神野未央	古贺胜行	森烟结美子	新井菜摘子		
	赵含嫣	赵翛羽	田村恭平	龟川秀子	小林荣三	小林やすこ	
录音编辑	赵妮	赵平	张利平	黄周	李洁	赵翛羽	赵康英
	韩琦						
插　　图	赵平	陈颜芳	浦田千晶				

中国科学技术大学出版社

内容简介

言语总会在不同的时间或场合赋予人们勇气和希望。作者将在日本教学与生活时收集到的名言警句进行了整理,编写成本套《日语名言警句随身听》。

本套丛书共分 3 册,本书为其中的"基础篇"。每段名言警句都配有详细的解说和准确的翻译,希望读者能在提高日文表达水平的同时,受到这些名言警句潜移默化的积极影响。

图书在版编目(CIP)数据

日语名言警句随身听.基础篇:日汉对照/赵平,李洁,平山崇主编.—合肥:中国科学技术大学出版社,2013.10
 ISBN 978-7-312-03005-5

Ⅰ.日… Ⅱ.①赵… ②李… ③平… Ⅲ.①日语—汉语—对照读物 ②格言—汇编—世界 ③警句—汇编—世界 Ⅳ.H369.4;H

中国版本图书馆 CIP 数据核字(2013)第 107118 号

出版	中国科学技术大学出版社
	安徽省合肥市金寨路 96 号,230026
	http://press.ustc.edu.cn
印刷	合肥现代印务有限公司
发行	中国科学技术大学出版社
经销	全国新华书店
开本	710 mm×960 mm 1/16
印张	16.75
字数	262 千
版次	2013 年 10 月第 1 版
印次	2013 年 10 月第 1 次印刷
定价	34.00 元(附赠光盘 1 张)

本书编审人员

中方：

赵　平	（贵州财经大学、淮海工学院）	张利平	（成都理工大学）
李　洁	（淮海工学院）	崔　忠	（淮海工学院）
王景辉	（湖南涉外经济学院、五十铃柴油机上海有限公司）	毕鲁杰	（江苏农林职业技术学院）
		赵儵羽	（天津外国语大学）
熊玉娟	（大阪市立大学）	李爱华	（淮海工学院）
张　勇	（淮海工学院）	赵　妮	（贵州省测绘局）
赵康英	（江苏大学）	高鹏飞	（苏州大学）
石路明	（贵州财经大学）	杨树曾	（常熟理工学院）
黄　周	（安徽外国语学院）		

日方：

平山崇	（苏州大学、中国科学技术大学）	神野未央	（淮海工学院）
小林荣三	（南京航空航天大学）	田村恭平	（淮海工学院）
高田英树	（日本神户外国语大学）	龟川秀子	（淮阴师范学院）
福冈昌子	（日本三重大学）	惟康洋一	（哈尔滨理工大学）
山崎美佳	（江苏大学）	肖　飒	（在日华侨）
神田耕太郎	（江苏省三江学院）	织本夏子	（日本藤贸易株式会社）

本书录音、录音编辑人员

日方：

惟康洋一	（哈尔滨理工大学）	田村恭平	（淮海工学院）
神野未央	（淮海工学院）	龟川秀子	（淮阴师范学院）
古贺胜行	（日本演员、配音演员）	小林荣三	（南京航空航天大学）
森烟结美子	（日本演员）	小林やすこ	
新井菜摘子	（宿迁青华中学）		

中方：

赵含嫣	（淮阴师范学院）	张利平	（成都理工大学）
赵儵羽	（天津外国语大学）	黄　周	（安徽外国语学院）
赵　妮	（贵州省测绘局）	李　洁	（淮海工学院）
赵　平	（贵州财经大学、淮海工学院）	赵康英	（江苏大学）
顾冬明	（日本大阪市立大学）	韩　琦	（大连大学）
王丽燕	（大阪产业大学）		

前　言

　　笔者在日本教学与生活时,注意到日本学生或职员往往会使用一些名言警句来相互激励,而作为教师的笔者对此却知之甚少。在羞愧与反省中,笔者开始收集、翻译世界各国著名人士或无名人士的名言警句,并在阅读后以评语的形式写下感悟。回国以后,在教师和朋友们的通力合作下,我们根据难易程度对这些名言警句进行了内容、词汇和语法的整理,并在每条名言警句后都撰写了「コメント」建言,年轻的作家平山崇以及日本和中国教师高田英树、福冈昌子、山琦美佳、神田耕太郎、高鹏飞、杨树曾等联手修订了建言,众多日本演员与中日教师帮助配制了录音,形成了以短小精悍的名言警句为特色的《日语名言警句随身听》。

　　《日语名言警句随身听》一共有 3 册,本书为第一册"基础篇",其句子基本为敬体(です体・ます体),较为简单易懂,琅琅上口。每段名言警句都不长,配以详细的解说和准确的翻译,尤其适合于有一定日语基础,但没有成块时间进一步巩固和提高日语水平的人每天利用零星时间随身携带 MP3 做听读练习。在反复听读中做到耳熟能详后,再把这些名言警句用于日常会话,就能在大大提高会话水平的同时,丰富会话的内容和兴趣点,让学习者在日语语境的人际交流中获得意外的惊喜。

　　本书亦可作为不可多得的人文素质教育的重要素材。

　　本册解说中给出的例句也尽可能接近鲜活的日常口语(敬体),以保证每一个句子都能立即转用于日常生活会话。本系列丛书是江苏省 2010 年省级精品课程的成果,同时亦为 2008 年度江苏省高校"青蓝工程"优秀青年骨干教师培养项目以及 2012 年江苏省重点专业的资助对象。作为课堂听力和阅读的补充

内容,也能在陶冶情操、激励斗志、促进哲理性思考的同时活跃课堂气氛,起到"一石二鸟",甚至"一石三鸟""一石四鸟"的积极作用。

谨祝成功。

赵 平

词性分类说明

1. 词性用汉语文字表示。
2. 一个词兼有两种以上词性时,中间用"・"隔开。

(名)　名詞
(専)　専門用語
(代)　代名詞
(形)　形容詞
(形動)　形容動詞
(形動タルト)　タル・ト活用形容動詞
(感)　感動詞
(副)　副詞
(格助)　格助詞
(終助)　終助詞
(助動)　助動詞
(接助)　接続助詞
(副助)　副助詞
(連体)　連体詞
(接)　接続詞
(接頭)　接頭語
(接尾)　接尾語

（連語）　連語

（五）　五段活用

（一）　一段活用

（サ）　「サ」行変格活用

（カ）　「カ」行変格活用

（自）　自動詞

（他）　他動詞

（補助動）　補助動詞

（縮）　略語

（和制）　和製語

（慣）　慣用句、慣用語、慣用表現

（諺）　諺

目 次

前言 …………………………………………………（001）
词性分类说明 ………………………………………（003）
計画・行動 …………………………………………（001）
チャンス・夢 ………………………………………（045）
失敗・成功 …………………………………………（061）
逆境・困難 …………………………………………（080）
思考・考え方 ………………………………………（098）
感謝・幸福 …………………………………………（133）
能力・仕事 …………………………………………（154）
人間関係 ……………………………………………（172）
人間性 ………………………………………………（185）
人生 …………………………………………………（218）
その他 ………………………………………………（250）

計画・行動

「運は動より生ず」。これを「運動」と呼びます。「実践」が「結果」を生じるのです。実践すれば必ず、楽しく面白い現象が生まれます。※小林正観（こばやしせいかん，1948～2011）：心理学博士。東京都生まれ。

コメント：人生には数々の壁がありますが、そこで立ち止まってしまえば事は進展しません。「当たって砕けろ」の精神で思い切って行動することが大切なのです。行動とは一種の魔法です。行動が思わぬ成果をもたらし、その積み重ねで人は人間的に成長していくことができます。

基本語彙

実践【じっせん】⓪（他サ・名）实践

生じる【しょうじる】⓪③（他自一）产生，发生

必ず【かならず】④⓪（副）一定

心理学【しんりがく】③（名）心理学

博士【はかせ】①（名）博士

数々【かずかず】①（名・副）种种，许多

立ち止まる【たちどまる】④⓪（自五）站住，止步

進展【しんてん】⓪（自サ・名）进展，发展

当たって砕けろ【あたってくだけろ】（慣）破釜沉舟，横下一条心

思い切って【おもいきって】④②（副）断然，下决心

魔法【まほう】⓪(名)魔术,魔法
もたらす③(他五)招致,造成
積み重ねる【つみかさねる】⑤(他一)积累,堆积
成長【せいちょう】⓪(自サ・名)成长,长大

解説
跟我来ついてこい

1.「より」格助词,表示起点。书面语,相当于「から」。
　　◇赤道より北を北半球と言います。/我们把地球赤道以北部分叫做北半球。

2.「～を～と呼ぶ」惯用表达,表示称呼,意为"把……称作……"。
　　◇友達はよく私を「にゃんこ」と呼びます。/朋友经常叫我"猫咪"。

3.「～てしまう」连语,动词连用形＋接续助词「て」＋补助动词「しまう」构成动词完成体。表示动作全部完成。根据前后文的内容会产生遗憾、懊悔、后悔等语气,须灵活把握。
　　◇先学期勉強した単語と文法はもう忘れてしまいました。/上学期学的单词和语法都已经忘掉了。

4.「当たって砕けろ」惯用语,意为"不计成败,勇往直前",多用于下决心做某事。
　　◇「当たって砕けろ」という気持ちで、大学院を受けてみました。/抱着"不成功,便成仁"的信念,报考了研究生。

5.「～とは」连语,接名词、用言终止形后,用于解释或给事物、现象等下定义的场合。后面常接「ことだ」「ということだ」等与之呼应。意为"所谓……就是……"。
　　◇彼にとって、友達とはいったい何なのでしょうか。/对他来说,究竟何谓朋友?

6.「思わぬ」文语,意为"意想不到"。「ぬ」是文语否定助动词,相当于「ない」。
　　◇「思わぬ出会い」を経験したことがありますか？/你有过"萍水相逢"的经历吗?

7.「成果をもたらす」慣用語,意为"带来……结果"。

◇今度の話し合いがどんな成果をもたらすか注目されています。/本次洽谈会带来何种结果,人们拭目以待。

8.「～ていく」连语,「いく」接接续助词「て」后作补助动词用,表示"方向由近而远""某种状态将持续下去或消失"。

◇チャンスがどんどん遠のいていきます。/眼看着机会离我远去。

原文翻译

"运随动生",即为"运动"."实践"产生"结果",只要实践,就会出现令人欣喜且妙趣横生的现象。※小林正观(1948～2011):心理学博士。日本东京人。

新しい習慣は、新しい靴に似ています。最初の二、三日は、あまり履き心地がよくありません。でも、三週間ぐらいたつと慣れてきて、第二の皮膚のようになるのです。※ロビン・シャーマ(1965～):アメリカの作家。

コメント:「習慣は第二の天性なり」という言葉があります。後天的なものを自分の本性に組み込むことができるわけです。しかし人間は弱い存在ですから、いい習慣は身につきにくく、悪い習慣に流されがちです。三週間頑張れるかどうか、これが鍵となります。

基本語彙

似る【にる】⓪(自一)像,相似

履き心地【はきごこち】⓪③(名)穿在脚上的(感觉)

たつ【経つ】①(自五)(时间)流逝,经过

慣れる【なれる】②(自一)习惯

皮膚【ひふ】①(名)皮肤

天性【てんせい】①(名)天性,秉性

後天的【こうてんてき】⓪(形動) 后天(性)的,后天取得的

本性【ほんしょう】①(名) 本性,天性

組み込む【くみこむ】③⓪(他五) 编入,列入,排入

存在【そんざい】⓪(名・自サ)(哲学)存在,存在的价值

流す【ながす】②(他五) 冲走;流出;传播

鍵【かぎ】②(名) 关键;钥匙

1.「〜に似る」惯用表达,接名词后,意为"与……相似",多用持续体「ている」的形式结句。「に」可换成「と」。

◇彼は両親のどちらにも似ていません。/他既不像父亲也不像母亲。

2.「〜心地がよい」惯用表达,表示某种动作导致"舒服"的心情。「心地」接动词连用形后作接尾词用,多读作「ごこち」,表示某种动作带来良好的心理状态。

◇この椅子はとても座り心地がいいです。/这把椅子坐着特舒服。

3.「〜てくる」连语,由接续助词「て」+补助动词「くる」构成,与「〜ていく」相对,表示"方向由远而近""某种状态持续到现在或某种变化已经开始"。

◇夜になると、雨が降ってきました。/到了晚上,雨就下起来了。

4.「〜ようになる」句型,接用言连体形或连体词、体言+「の」后,表示行为、状态、性质等的变化结果。(其中,「ように」为比况助动词「ようだ」的连用形,表示"近似""类似""变化""目的""行为内容"等含义)

◇以前はあまり利用しなかった学部の資料室に今は週に2回行くようになりました。/以前查资料很少去系里的资料室,现在每周去两次。

5.「天性なり」中「なり」是文语,表示断定,相当于「だ」的用法。常用于谚语、惯用语等固定的说法。

◇本日は晴天なり。/今日晴天。

6.「〜わけ」形式体言,接活用词(日语中具备活用形的单词,是动词、形容词、形容动词、助动词的总称)连体形,体言+「な」+「わけ」后。以「〜わけだ」表示

"理所当然的语气",有时不必译出。

◇彼は十年間も日本に住んでいたそうです。道理で日本にかなり詳しいわけです。/据说他在日本住了10年之久,难怪是个日本通。

7.「身につく」惯用语,意为"(知识、技术等)学到手""掌握"。「つく」是自动词,该惯用语接「が」或「は」后,构成「～が(は)身につく」。

◇努力しないと、最新技術が身につきません。/不努力就掌握不了最新的技术。

8.「～にくい」接尾词,接动词连用形后,表示做某事很困难或某情况难以实现。意为"难以……""不容易……"。反义词为「～やすい」。

◇彼の前ではどうも切り出しにくかったです。/在他面前我实在难以开口。

◇この歌は覚えやすいです。/这首歌好记。

9.「～がち」接尾词,接名词或动词、部分助动词连用形后,意为"容易""常常"。一般用于不好或消极的场合。常用的搭配有「遠慮がち」「病気がち」「遅れがち」「休みがち」「曇りがち」「嫌われがち」等。

◇40歳になってから、私は忘れっぽくなって、特に朝、新聞を読むのを忘れがちになりました。/过了40岁之后我变得健忘,尤其是常常忘了早上读报。

10.「～となる」连语,接名词或形容动词词干后,表示个人判断或主张,这种主张的内容多为暂时性的。

◇中国人の占める割合は4割となっています。/中国人所占比例达40%。

原文翻译

新习惯好比新鞋子。最初的两三天感觉不太舒服,但三周之后就会完全适应,与自身融为一体。※罗宾·沙玛(Robin Sharma,1965～):美国作家。

現在の能力で、できる、できないを判断してしまっては、新しいことや困難なことはいつまでたってもやり遂げられません。※稲盛和夫(いなもりかずお,1932～):京セラ・第二電電(現 KDDI)創業者。鹿児島県生まれ。

コメント:人は自分の能力を完全に把握しているわけではありません。ある事をやってみて初めて、初めて自分の能力に気づく場合もあります。新しいことや困難なことには、自分の可能性を広げるチャンスが秘められているのです。

基本語彙

判断【はんだん】①(他サ・名) 判断;占卜

やり遂げる【やりとげる】④(他一) 做完,完成

京セラ【きょうせら】⓪(名)(「京セラ(株)」的略语) 京都陶瓷株式会社,京瓷(公司)

創業【そうぎょう】⓪(名・自サ) 创业,创立

鹿児島【かごしま】⓪(名) 鹿儿岛(县)(位于九州地区南部)

把握【はあく】⓪(他サ・名) 掌握

気づく【き付く】②(自五) 意识到,察觉

広げる【ひろげる】⓪(他一) 扩展,扩大

秘める【ひめる】②(他一) 隐藏,隐瞒

解説
跟我来ついてこい

1.「～ては」连语,接形容词、动词连用形后,接名词和形容动词词干时用「では」。常用于表示在前项的条件下产生后项不好的结果。

◇そんなにきびしくては、誰もついてきませんよ。/如果要求那么高的话,没人会跟你干。

2.「～まで」副助词,接名词或动词、部分助动词连体形后,表示时间,意为"到……之前""到……为止"。

◇あなたが帰ってくるまで、ずっと待っています。/一直等你,直到你回来。

3.「～ても」连语,接动词、形容词或形容词型助动词的连用形、名词和形容动词词干+「でも」后,表示逆接条件。意为"即使……也……"。

◇とても難しいので、読んでも分かりません。/太难了,看也看不懂。

4.「～わけではない」句型,接活用词连体形后,用于否定从现有状况或内容中所得出的结论。多和「だからといって」「特に」「別に」等一起使用,意为"并非……"。

◇別に旅行したくないわけではありません。ただ忙しくて行く時間がないのです。/并非我不想旅游,而是我忙得根本没时间去啊。

5.「～て初めて」句型,接动词连用形后,意为"(经历了某件事)后才认识到……"。

◇病気になって初めて健康(けんこう)の大切さが分かりました。/生病之后才懂得健康的重要。

6.「～に気づく」惯用表达,意为"注意到……""察觉到……""认识到……"。类似的说法还有「～に気がつく」。

◇自分のミスに全然気づきませんでした。/丝毫没有意识到自己的失误。

原文翻译

若以现有的能力来判断行还是不行,则永远无法完成新工作和战胜困难。

※稲盛和夫(1932~):京都陶瓷株式会社、第二电电株式会社(现KDDI通信公司)创始人。日本鹿儿岛人。

やった人にだけノウハウがつき、スキルがつく。ノウハウがない、スキルがないからと勝負に出るのをやめるなんて、大変な勘違いです。※増田宗昭(ますだむねあき,1951〜):TSUTAYA創業者。大阪府生まれ。

コメント:準備が整ってから行動するのでは遅すぎます。実践しながら学んでいくという姿勢で、知識と技術を身につけていくことです。

基本語彙

ノウハウ【know-how】①(名) 技术知识
スキル【skill】②(名) 技能
勝負【しょうぶ】①(名・自サ) 输赢,决胜负
出る【でる】①(自一) 出场,参加;出自,产生
勘違い【かんちがい】③(名・自サ) 误解,判断错误
整う【ととのう】③(自五) 齐备,完备
学ぶ【まなぶ】⓪(他五) 学习;模仿
姿勢【しせい】⓪(名) 态度,姿态

1.「だけ」副助詞,接体言、活用词连体形、一部分格助词后,有时也接形容词或形容动词的连用形后,表示限定。意为"只""仅仅"。

◇私は見るだけで、買うつもりはありません。/我只是看看而已,没有打算买。

2.「と」格助詞,多接「見る」「聞く」「思う」「言う」等动词前表示其"内容",此处后面省略了「言って」。

◇道子さんも今すぐ行くと(言いました)。/道子也说马上就去。

3.「勝負に出る」慣用語,意为"参赛""决出胜负"。

◇勝負に出る気でやらなければ、良い結果は出ませんよ。/没有大干一场的决心就出不了成果。

4.「なんて」副助词,接活用词终止形后,接名词和形容动词词干时可用「(だ)なんて」的形式。后项多为评价方面的内容。常含有意外、轻视等语气。此处表示轻蔑。

◇校長になったなんて、君も大した出世(しゅっせ)をしたものですね。/校长都当上了,你这下可真是出息大了。

5.「～てから」连语,接动词、部分助动词连用形后,意为"做完某事之后……"。比「～て」更加强调时间的先后。

◇日本に来てから経済の勉強を始めました。/来到日本之后开始学习经济。

6.「～すぎる」接尾词,接动词连用形及形容词、形容动词词干后,表示动作、程度过甚,意为"过分……""太……"等。

◇このセーターは私には大きすぎます。/这件毛衣对我来说太大了。

7.「～ながら」接续助词,接动词连用形后,表示"两个动作同时进行",但话题的重点在后项。

◇今の大学生の中には音楽を聞きながら勉強する人がけっこういますね。/如今的大学生中听着音乐学习的人还真不少啊。

8.「身につける」惯用语,意为"掌握(知识)""学会(技能)"。与前面学过的「身につく」不同的是「つける」是他动词,多用「～を身につける」的形式。

◇日本でよく勉強し、先端技術(せんたんぎじゅつ)を身につけてから帰国(きこく)するつもりです。/我打算在日本好好学习,掌握了先进技术之后回国。

9.「ことだ」句型,其中「こと」为形式体言。该句型表示"在某情况下最好采取某项措施",含有忠告、命令等语气。

◇日本語がうまくなりたければ、もっと勉強することです。/要想日语学得好就应该更加努力。

原文翻译

　　只有实干之人才会掌握诀窍与技能。说什么没有金刚钻不揽瓷器活,那可大错特错。※増田宗昭(1951～):TSUTAYA图书音像连锁店的创始人。日本大阪人。

　　せっかく思い立ったのです。思い立ったら決心して気が変わらないうちにさっと実行に移しましょう。※トーベ・ヤンソン(1914～2001):フィンランドの画家・小説家。

　　コメント:「思い立ったが吉日」と言います。燃え盛る決意でも、いずれは蝋燭の火のように消えてしまいます。だからその心の炎を行動に繋げることです。その日が、暦の上では「仏滅」でも、あなたの信念と行動が「吉日」に変えてしまいます。

基本語彙

　　思い立つ【おもいたつ】④⓪(他五) 想起要(做),决心要(做)

　　実行【じっこう】⓪(名・他サ) 实行,实施

　　移す【うつす】②(他五) 付诸,着手

　　フィンランド【Finland】①③(名) 芬兰

　　画家【がか】⓪(名) 画家

　　吉日【きちにち・きちじつ】⓪②(名) 吉日

　　燃え盛る【もえさかる】④(自五) 火烧得旺,熊熊燃烧

　　決意【けつい】①(名・他サ) 决心,决意

　　蝋燭【ろうそく】③④(名) 蜡烛

　　炎【ほのお】①(名) (高涨、激动的)感情;火焰

　　繋げる【つなげる】⓪(他一) 连接,捆绑

暦【こよみ】③(名) 日历
仏滅【ぶつめつ】⓪(名) 大凶日

1.「せっかく」副词,表示"虽然付诸努力却没有得到相应的结果"或者"终于实现了期待已久的事项"。此处属于后者的用法。
　　◇せっかく来たのですから、もっとゆっくりしましょう。/难得来一趟,就多呆一会吧。

2.「気が変わる」惯用语,意为"改变主意""情绪变化"。
　　◇映画を見るつもりでしたが、気が変わって友達の家をたずねることにしました。/原本打算看电影,后来改变主意去朋友家了。

3.「～うちに」句型,接活用词连体形(动词多用持续体「～ている」的形式)、名词+「の」+「うちに」后,表示"在某个期间内发生某事或产生某种变化"。
　　◇彼女は話しているうちに顔が赤くなりました。/她说着说着脸变红了。

4.「さっと」副词,意为"动作敏捷"或"状态突然变化"。
　　◇彼はさっと席を立って、外へ出かけました。/他猛地站起来走了出去。

5.「思い立ったが吉日」谚语,意为"想好就做""趁热打铁"。
　　◇思い立ったが吉日、今日彼女にプロポーズします。/择日不如撞日,就今天了,我向她求婚!

6.「いずれ」代词或副词,表示不确定的事情、状态或时间,意为"哪个""总归""不久"。此处作副词用,与后面的助词「は」一起表示对将来发生事情的确信。书面语。
　　◇いずれ雨はあがりますから、ご安心ください。/雨总归会停的,你

就放心吧。

7.「仏滅」原指佛祖释迦牟尼去世，此处指日历本上标出的"大凶日"。日本的日历表上常标有「大安」「友引」「仏滅」「赤口」之类的词语，这和我国皇历上所标的"吉日""凶日"等说法相似。大多数日本人在婚丧嫁娶时都会注意一下日历表上的说法。

◇日本では結婚式場や引っ越しの代金は仏滅の日には安くなることがあります。/在日本，"凶日"那天结婚典礼的场租和搬家费都会便宜些。

原文翻译

决心不易，故一旦决定就趁没反悔之前立刻行动起来吧。※托芙·扬松（Tove Jansson，1914～2001）：芬兰画家、作家。

予期しない反感や抵抗にあえば、人は驚き、戸惑い、悩んだりします。しかし、反感も抵抗もあって当然と思えば、それらを折り込んで前に進むことができるのです。※鈴木敏文（すずきとしふみ，1932～）：セブンイレブン・ジャパン創設者。長野県生まれ。

コメント：物事を進める前に計画を立てます。予期される障害も考慮にいれます。しかし計画を実行に移すと、予期していない障害も出てきます。すべてを完全に予測することなど不可能なのです。ですから、どんなときでも障害は起こりうる、という心構えで進んでいくことが、柔軟な対応を可能にしてくれるでしょう。

基本語彙

戸惑う【とまどう】③（自五）困惑，不知所措

当然【とうぜん】⓪（副・形動）当然，应该

折り込む【おりこむ】③⓪（他五）折入，夹入

物事【ものごと】②（名）事物，事情

創設【そうせつ】⓪(名・他サ) 创设,创办
障害【しょうがい】⓪(名) 障碍
考慮【こうりょ】①(名・他サ) 考虑
すべて【全て】①(名・副) 一切,全部
心構え【こころがまえ】④(名) 思想准备,精神准备
柔軟【じゅうなん】⓪(形動) 灵活
対応【たいおう】⓪(自サ・名) 应对,见机行事

解説
跟我来ついてこい

1.「～たり」并列助词,常用「～たり～たり」的形式。接名词、活用词连用形后(「ガ」「ナ」「バ」「マ」行后音便为「だり」,名词或形容动词为词干＋「だったり」),表示从众多动作或状态中举出若干个例子,或表示两个以上的动作或状态反复进行或交替出现。
　　◇昨日の日曜日に、私は掃除をしたり、洗濯をしたりしました。/昨天星期天,我搞卫生,洗衣服。

2.「計画を立てる」惯用语,意为"制定计划"。
　　◇やはり計画を立てるとその後の行動がしやすくなりますね。/还是定个计划,这样有助于今后的行动。

3.「考慮に入れる」惯用语,意为"加以考虑"。
　　◇私たちは全てを考慮に入れて皆で話し合わなければいけません。/我们必须通盘考虑,协商解决。

4.「実行に移す」惯用语,意为"付诸实施"。
　　◇良いアイディアは実行に移して初めて、真価(しんか)が分かります。/好创意要付诸实施才能体会其真正的价值。

5.「不～」接头词,读作「ふ」或「ぶ」,表示否定的含义。读「ぶ」时多接特定的词语,表示处于消极的状态。
　　◇あの人は手先が不器用だから、そんな細かい作業には向いていませんよ。/那个人手不巧,不太适合做这么细致的工作。

6.「でも」提示助词,接疑问词后,与后项有积极或肯定含义的谓语呼应,表示"全面肯定"。

◇この歌はあの世代の人なら誰でも知っています。/这是那个时代人人皆知的一首歌。

7.「～うる」接尾词,接动词连用形后,意为"可能……"。其否定形式是「～えない」。

◇この仕事は一人では成しえないのです。/这项工作一个人是无法完成的。

原文翻译

一旦遭遇意想不到的白眼和抵触,人们就会惊恐、彷徨或者一筹莫展。但是如果认为这些是理所当然的,就能清浊并吞,一往无前。※铃木敏文(1932～):24小时连锁店 Seven Eleven Japan 的创始人。日本长野县人。

進み続けなさい。あなたが期待していたことが、偶然に摑めるでしょう。座ったままで、偶然にチャンスを見つけたという話はこれまで聞いたことがない。※チャールズ・ケタリング(1876～1958):アメリカの発明家。

コメント:期待を胸に抱いて行動すると、望んでいたことが偶然のように起こります。それは天からのプレゼントです。天は夢を実現しようと頑張っている人を応援します。一方、夢はあるけれども努力しない人に対して、天は見向きもしません。

基本語彙

期待【きたい】⓪(自他サ・名)期待

偶然【ぐうぜん】⓪(形動・名)偶然,偶尔

摑む【つかむ】②(他五)抓住;掌握

見つける【みつける】⓪(他一) 找到,发现
抱く【いだく】②(他五) 怀有,怀抱
望む【のぞむ】⓪(他五) 希望,愿望
応援【おうえん】⓪(他サ・名) 支援,援助
見向き【みむき】②①(名) 理睬

解説
跟我来ついてこい

1.「～まま」形式体言,接动词连用形＋「た」、连体词或名词＋「の」后,意为"照旧""保持原样"。

　　◇何も入れないで、そのまま飲むのがおいしいですよ。/什么都别放,就这么喝才好喝呢。

2.「～ことがない」句型,接动词连用形＋「た」后,意为"没有经历过某事"或"没有发生过某事"。

　　◇そんな話は聞いたこともありません。/那种事听都没听说过。

3.「～を胸に抱く」惯用表达,意为"抱着……""胸怀……"。可用于抽象表达。

　　◇大学を卒業してから、私は夢を胸に抱いて日本にやってきました。
　　/大学毕业后,我胸怀梦想来到了日本。

4.「一方」副词,常用于前后内容相反、相对的两个句子之间,意为"另一方面"。

　　◇姉は甘いものが好きです。一方、妹は辛いものに目がないんです。
　　/姐姐喜欢甜食,而妹妹却特喜欢吃辣。

5.「～に対して」句型,接名词后,表示对象,意为"对于"。后项多为动作性动词。

　　◇先生に対して、そんな失礼なことを言ってはいけません。/对老师不能说那种没礼貌的话。

6.「見向きもしない」惯用语,意为"不屑一顾""不理睬"。

　　◇彼女は結婚話に見向きもしません。/她对提亲之事根本不予理睬。

原文翻译

勇往直前！也许无意间就会抓住你期盼已久的机遇。我还从未听说过谁原地踏步就能发现机遇的。※查尔斯・富兰克林・凯特灵（Charles Franklin Kettering,1876〜1958）:美国发明家。

　　安岡正篤は、「凡と非凡の分かれどころは、能力のいかんではない。精神であり、感激の問題だ」と言っています。人間というものは、どうしても怠慢になり惰性に走りがちですが、時々衝撃を受けて目を覚ますことが必要です。それには、感動を受けたら即行動することではないでしょうか。※太田典生（おおたのりお,1940〜）:実業家。三重県生まれ。

　　コメント:誰もが心に発電器官を持っています。そのスイッチを入れるのは「感激」です。高電圧の電気が発生し、稲妻のような光が迸ります。それは、何かをしたいという動機の激しい発動です。電気が消えないうちに行動を起こしましょう。

基本語彙

いかん②（名・副）如何,怎么样

怠慢【たいまん】⓪（形動・名）懈怠,怠慢

惰性【だせい】⓪（名）惰性；习惯

衝撃【しょうげき】⓪（名）精神的打击,刺激

覚ます【さます】②（他五）使觉醒,使清醒

実業家【じつぎょうか】⓪（名）实业家

発電【はつでん】⓪（名・自サ）发电

電圧【でんあつ】⓪（名）电压

発生【はっせい】⓪（自サ・名）产生,发生

稲妻【いなずま】⓪（名）闪电
迸る【ほとばしる】④（自五）迸出，涌出
発動【はつどう】⓪（名・自他サ）发动，启动

解説
跟我来ついてこい

1.「安岡正篤」是日本著名的阳明学家和东洋思想家。生于1898年2月，卒于1983年12月。曾创办了"东洋思想研究所""金鸡学院""日本农士学校""全国师友协会"等。许多知名政治家如吉田茂、池田勇人、佐藤荣作、福田赳夫、大平正芳等都尊其为师。但其本人并不愿从政，而是致身于东洋古典研究和人才培养上。

2.「～どころ」接尾词，接名词或动词连用形后，意为"……地方""值得……的地方"。

　　◇このページでは日本の見どころについて紹介しています。／本页介绍了日本值得一看的地方。

3.「どうしても」副词，后接肯定表达时，表示"强烈的意志"，意为"无论如何也要……""必定"；后接否定表达时，表示"无法完成某事"，意为"怎么也不……"。

　　◇そんなことをするのはどうしてもいやです。／我实在不愿做那种事。

4.「衝撃を受ける」惯用语，意为"受到打击"。

　　◇父の死を聞いて彼はとても衝撃を受けたそうです。／听说得知父亲去世后他备受打击。

5.「目を覚ます」惯用语，表示"唤醒"或抽象意义上的"使人觉醒"。如果是自然苏醒，则用「目が覚める」表示。

　　◇いろいろ失敗してから、彼はやっと目を覚ましました。／经过多次失败，他终于觉醒了。

6.「～ではないでしょうか」句型，以名词或形容动词词干＋「(なの)ではないでしょうか」、形容词、动词终止形＋「のではないでしょうか」的形式，表示说话人委婉的断定或向听话人确认自己的推测。意为"难道不是……吗？""是

不是……呢?",需读作降调。

　　◇この本は子供にはまだ難しいのではないでしょうか。/这本书对于孩子来说还是有些难吧。

7.「誰もが」连语,即「誰でも」。书面语。

　　◇日本人だからといって、誰もが歌舞伎に詳しいわけではありません。/虽说是日本人,但也并非个个都了解歌舞伎。

8.「スイッチを入れる」惯用语,意为"接通电路"。也可引申表示抽象含义上的"开启"。

　　◇成功するためのスイッチを入れる方法を教えてくれませんか。/哪位来告诉我如何打开成功之门?

9.「行動を起こす」惯用语,含义同「行動する」,意为"开始行动"。

　　◇何か行動を起こしたいけれどなかなか動けない。これはそんなあなたに贈る、行動を起こすためのヒントです。/虽想有所作为却无从入手,下面就给有此感觉的你一些行动的指南。

原文翻译

　　安冈正笃说过:"平凡与非凡的区别不在于能力,而在于精神,在于激情"。人嘛,总是容易懈怠、懒惰。所以经常需要"激活"。所谓激活,不就是一旦有感便付诸实行?※太田典生(1940~):实业家。日本三重县人。

9

　　好機には常に敏捷に対応していけるよう心の準備をしておきましょう。いつまでも過去にとらわれると、今と少し先の未来へ向けるべきエネルギーが失われます。また、まだ起こってもいない未来のことに対して、心配する必要もありません。少し先の未来を予測し、予定を立てると、やるべきことが見えてきます。※船井幸雄(ふないゆきお,1933~):船井総合研究所の創業者。大阪府生まれ。

コメント:エネルギーは有限です。ですからエネルギーを何にどのぐらい使うか、よく計算しなければいけません。過去というものは壊れた車と同じで、いくら力いっぱいアクセルを踏んでも先に進みません。エネルギーは、未来を見据えた上で、現在の活動に注ぐべきです。

基本語彙

敏捷【びんしょう】⓪(形動・名) 敏捷

とらわれる【捕らわれる】④⓪(自一) 拘泥,被束缚

エネルギー【Energie】③②(名) 能量;精力

失う【うしなう】④⓪(他五) 失去;丧失

見える【みえる】②(自一) 看得到

総合【そうごう】⓪(名・他サ) 综合

有限【ゆうげん】⓪(名・形動) 有限

壊れる【こわれる】③(自一) 坏,出故障

アクセル【accelerator】①(名) 油门

見据える【みすえる】⓪③(他一) 看准,看清

注ぐ【そそぐ】⓪②(他自五) 倾注,贯注

解説
跟我来ついてこい

1.「常に」副词,意为"经常""不断""总"。书面语。

　　◇うちの会社では土日の休日出勤は常にあることです。/在我们公司,周六、周日加班是家常便饭。

2.「～よう(に)」句型,以动词、部分助动词的连体形＋「よう(に)」、动词、部分助动词的未然形＋「ない」＋「よう(に)」的形式,表示对听话人进行忠告或劝告,有时直接以「ように」结尾。

　　◇風邪を引かないよう(に)ご注意ください。/小心别感冒。

3.「～ておく」连语,准备体,接动词连用形后。「おく」为补助动词。表示"为了某种目的事先做好某种准备"。意为"提前""预先"。

◇試験の前に、よく復習しておいてください。/请在考试之前好好复习。

4.「予定を立てる」惯用语,意为"定计划",类似说法有「計画を立てる」。

◇先ず予定を立ててください。実行するかどうかは別として。/首先请定一下计划。实行与否则另当别论……

5.「べき」文语助动词,接动词或动词型助动词的终止形后,表示"有义务做某事"。相当于「～しなければならない」。除此之外还可以表示"值得""理应如此"。

◇学生は勉強す(る)べきです。/学生就应该学习。

6.「いくら～ても」句型,「ても」前接动词、形容词连用形,名词和形容动词词干＋「でも」,其后项既可以接肯定也可以接否定,意为"无论……也……""怎样……也……"。

◇いくら読んでも分かりません。/怎么看也看不懂。

7.「～いっぱい」接尾词,接部分名词后,意为"充满""达到极限"。

◇精いっぱい努力しましたが、駄目でした。/尽了最大努力,可还是不行。

8.「アクセルを踏む」惯用语,意为"踩加速器",可引申为"加油"。

◇この企画の成功に向けてアクセルを踏みましょう。/向着成功的方向推进这个计划。

9.「～上で」句型,接动词连用形＋「た」或体言＋「の」后,表示在完成前项行为的基础上进行后项行为。与「てから」所表达的意义基本相同。

◇品物を見た上で買うかどうか決めます。/看到商品之后再决定是买还是不买。

原文翻译

我们要做好心理准备以便能够始终灵活应对良机。总是拘泥于过去就会消耗掉本应用于现在及随后的能量。另外,也无需杞人忧天。只要你对最近的将来进行预测并制定计划,就能够发现行动的目标。※船井幸雄(1933～):船井综合研究所创始人。日本大阪人。

この世に生を受けた私たちは、全員が「いずれ死ぬ」という定めを背負って生きています。言い換えれば、「死ぬまでにありったけの経験をしよう」と決めて生まれたんですね。あなたになることを選んだ命に、制限時間内にいろんな経験をさせてあげましょうよ。※宇佐美百合子(うさみゆりこ,1954～):心理カウンセラー。名古屋生まれ。

コメント:本やインターネットで得た知識はどこまでいっても知識に過ぎず。それは視覚器官と頭脳があれば事足ります。しかし動ける体があるのなら、外に飛び出して、いろんなことを経験してみましょう。頭で見た世界と、体を通して見た世界は、異なります。

基本語彙

定め【さだめ】⓪(名) 命运,定数

背負う【せおう】②(他五) 担负,背负

ありったけ⓪(名・副) 全部,一切

選ぶ【えらぶ】②(他五) 选择,挑选;选举

命【いのち】①(名) 生命,性命

制限【せいげん】③(名・他サ) 限制,限度

カウンセラー【counselor】②①(名) 咨询师,生活顾问

頭脳【ずのう】①(名) 头脑,智力

事足りる【ことたりる】⓪④(自一) 够用,足用

解説
跟我来ついてこい

1.「この世に生を受ける」文語表現,意为"生在这个世界""活在世上"。
　◇この世に生を受けた我々は地球を大切にしなければなりません。
　/我们活于今世,就必须珍惜地球。

2.「言い換えれば」惯用语,作插入语,意为"换句话说"。

◇今失業中です。言い換えれば、「新しい人生を準備中」です。/现在我失业了。换句话说,是正在"准备开始新的人生"。

3.「～までに」连语,由副助词「まで」和格助词「に」构成。表示后项谓语部分开始或结束的最后期限。注意谓语部分多为瞬间动词。

◇夜10時半までに帰らなければなりません。/晚上10点半之前必须回来。

4.「～ようと決める」句型,其中「(よ)う」为助动词,接动词意志形后,意为"决定……""决心……"。

◇一生この仕事を続けようと決めました。/我决定一辈子都从事这项工作。

5.「どこまでいっても」惯用语,意为"说到底""归根结底"。

◇神童とはいえ、どこまでいっても子供ですから、成長を早めようと思ってはいけません。/神童说到底还是个孩子,所以不能拔苗助长。

6.「～に過ぎず」连语,接名词、形容动词词干、形容词和动词终止形后,意为"只不过……"。其中「ず」是文语,接动词未然形后,「する」接「ず」时变成「せず」。「ず」多出现在书面语或惯用表达中,此处用于结句,表示否定。口语为「～に過ぎない」。

◇偃鼠河に飲むも満腹に過ぎず、鷦鷯深林に巣くうも一枝に過ぎず。/鼹鼠饮河,果腹而已。宿鸟栖林,不过一枝。

7.「～を通して」句型,接名词后,表示"通过某种手段"。

◇先生は自分の経験を通して、あいさつの言葉と日本文化の関係を説明しました。/老师通过自己的经验解释了寒暄语和日本文化的关系。

原文翻译

　　生活在这个世界上的每个人都背负着"人固有一死"的命运。换句话说,我们生来就注定要"在有生之年经历一切",既然生命选择了你,那你就在有限的时间内给它以多彩的体验吧。※宇佐美百合子(1954〜):心理咨询顾问。日本名古屋人。

　　リスクとは、自分が何をやっているかよく分からないときに起こるものです。※ウォーレン・バフェット(1930〜):アメリカの投資家。

　　コメント:例えば親友から「この設計図をもとに組み立ててほしいんだ」と頼まれました。何ができるかは秘密でしたが、親友の頼みですので引き受けました。できたのはなんと拳銃で、警察に見つかり逮捕されました。こんな話を聞くと、何事もはっきりさせてから実行しなければいけない、と思いませんか。

基本語彙

リスク【risk】①(名) 风险

投資家【とうしか】⓪(名) 投资家

設計図【せっけいず】③(名) 设计图

組み立てる【くみたてる】④⓪(他一) 安装,装配

なんと【何と】①(副) 竟然,何等

拳銃【けんじゅう】⓪(名) 手枪

見つかる【みつかる】⓪(自五) 被发现,被看到

逮捕【たいほ】①(他サ・名) 逮捕

何事【なにごと】⓪(名) 什么事情;怎么回事

解説
跟我来ついてこい

1.「～ものだ」句型,「もの」为形式体言,用于叙述"真理性事物""本性",含有感慨的语气。

◇人の心はなかなか分からないものです。/人心叵测啊。

2.「～をもとに」惯用表达,多接名词,意为"以……为根据""在……基础上"。

◇あの有名な作家は日本での生活をもとに小説を書きました。/那位著名的作家以日本的生活为素材写了小说。

3.「～てほしい」连语,接动词和部分助动词连用形后,表示"希望别人做某事"。否定形式有「～ないで欲しい」和「～てほしくない」两种形式。

◇君にこの仕事をやってほしいんですが。/我希望你来做这项工作。

4.「なんと」副词,表示"出乎意料""惊讶"的语气,意为"竟然""居然"。

◇社長はなんと25歳の若い女性です。/总经理竟然是一位25岁的年轻女士。

5.「～と思いませんか」句型,接常体句后,以否定的疑问形式表示婉转地叙述自我主张,希望得到对方的认可。

◇タバコは体によくないと思いませんか。/你不认为抽烟对身体有害吗?

原文翻译

风险来自于你不知道自己正在做什么。※沃伦·爱德华·巴菲特(Warren Edward Buffett,1930～):美国投资家。

「明日は」「明日は」と言いながら、今日という「一日」を無駄に過ごしたら、その人は「明日」もまた空しく過ごすにちがいありません。※亀井勝一郎(かめいかついちろう,1907～1966):文芸評論家。北海道生まれ。

コメント:「歳月、人を待たず」です。時間は待ってくれません。どんどん過ぎていきます。今日一日を大切にする生き方が、充実した人生を作ります。

基本語彙

無駄【むだ】⓪(形動・名) 徒劳,白费

空しい【むなしい】③(形) 徒劳的,无意义的

評論家【ひょうろんか】⓪(名) 评论家

歳月【さいげつ】①(名) 岁月

充実【じゅうじつ】⓪(自サ・名) 充实

解説
跟我来ついてこい

1.「明日は」省略句,后面省略了「必ずやる」之类的表现。该表达方式多出现于口语中。

2.「～にちがいない」句型,接体言、形容动词词干、形容词、动词和部分助动词连体形后,表示说话人根据直觉或经验判定某事,肯定语气强。意为"一定""必定"。

◇これは王さんの電子辞書にちがいありません。/这肯定是小王的电子字典。

3.「歳月、人を待たず」谚语,源自于陶渊明《杂诗》中的"及时当勉励,岁月不待人"。此处意为"人生短暂,自当努力"。

◇歳月人を待たず、うかうかしているうちに一年が過ぎてしまいました。/(人说)"时不我待",在我碌碌无为之间一年就过去了。

4.「大切にする」惯用语,意为"珍惜""爱护",类似的说法有「大事にする」,表示使用上的"小心翼翼"。

◇お体を大切にしてください。/请保重身体。

原文翻译

如果嘴上说着"明天干""明天干"却白白虚度了今天"这一天"的话,那"明天"肯定还是一无所获。※亀井胜一郎(1907～1966):文艺评论家。日本北海道人。

「できなくてもしょうがない」は、終わってから思うことであって、途中にそれを思ったら、絶対に達成できません。※イチロー(1973～):プロ野球選手。愛知県生まれ。

コメント:「できなかった」という結果を恐れるあまり、その前に「できなくても仕方がない」という言い訳を探す人がいます。それで自分のプライドは守られるかも知れませんが、その代償として、できる可能性を自ら放棄しているのです。

基本語彙

絶対【ぜったい】⓪(副・名)(后接否定)绝对(不)

達成【たっせい】⓪(他サ・名)达成,实现

プロ【pro】①(名)职业(的)专业(的)

選手【せんしゅ】①(名)选手,运动员

恐れる【おそれる】③(他一)担心,害怕

言い訳【いいわけ】⓪(名・自サ)辩解,分辩

プライド【pride】⓪(名)自尊心

守る【まもる】②(他五)维护;保卫;遵守

代償【だいしょう】⓪(名)代价,补偿,赔偿

自ら【みずから】①(副・名)亲自,自己

放棄【ほうき】①(他サ・名)放弃

解説
跟我来ついてこい

1. 「～てもしょうがない」句型,源自「～てもしようがない」,口语。接动词、形容词或形容词活用型助动词连用形、名词和形容动词词干+「～でもしょうがない」后,表示"虽然是遗憾或不满的状况,但不得不接受"。「～なくてもしょうがない」也可表达此意。类似的说法还有「～(なく)てもしかたがない」。

    ◇この辺りは便利だから、マンションの値段が高くてもしょうがないですね。/这一带很方便,所以公寓价格贵些也只能接受。

2. 「絶対に～ない」句型,表示强烈的否定,意为"绝不……"。

    ◇約束したことを絶対に破らない人です。/他是个绝不背信弃义的人。

3. 「～を恐れる」惯用表达,意为"畏惧……",要注意格助词的搭配。

    ◇間違いを恐れる人は大きな業績を上げることができません。/怕犯错误的人难以取得大的成就。

4. 「～あまり(に)」副词,接活用词终止形、名词+「の」后,多与表示感情或状态的词语搭配,表示程度达到了极限。常用于叙述不好的事情。

    ◇彼女は驚きのあまり(に)、手に持っていたコップを落としてしまいました。/她大吃一惊,手中的杯子跌落在地。

5. 「プライドを守る」惯用语,意为"维护自尊"。

    ◇自分のプライドを守るために自分に嘘をついてしまいました。/为了维护自尊而对自己撒了谎。

6. 「～かも知れない」连语,接动词、形容词终止形或名词、形容动词词干后,表示不确定的推测。

    ◇明日もいい天気かも知れません。/明天也许还是个好天气。

7. 「その代償として」惯用表达,意为"作为代价""作为补偿"。多用于不好的事项。类似的说法还有「そのかわりに」。

    ◇彼は人を殺した。その代償として、自分の命もとられてしまいました。/他杀了人,其代价是自己也死路一条。

原文翻译

"干不成也没关系。"这种话是事后说的,倘中途就这么想,那绝对一事无成。※铃木一朗(1973～):职业棒球手。日本爱知县人。

まちがった方向であっても一歩を踏み出すことは、一生、その場にとどまっているよりは、良いことです。前に進み始めてしまえば、進む途中で、方向を修正してゆくことができます。ずっと一カ所に止まっていたら、あなたの自動的な誘導システムは、あなたを導くことができません。※マックスウェル・マルツ(1899～1975):アメリカの形成外科医・臨床心理学者。

コメント:誰でも確かで安全で最善の道を進みたいと思います。そしてそう思えば思うほど間違いを恐れて一歩が踏み出せなくなってしまいます。しかし本来、すべてを完全に見通すのは無理ですから、だいたいの見当がつけば、歩き出すべきなのです。自分の誘導システムを信じて進みましょう。

基本語彙

踏み出す【ふみだす】③(他五) 迈出,迈步

間違う【まちがう】③(自他五) 错,错误

とどまる③(自五) 停止,停留

修正【しゅうせい】⓪(他サ・名) 修正,改正

誘導【ゆうどう】⓪(名・他サ) 引导,诱导

導く【みちびく】③(他五) 引导,指导

形成外科医【けいせいげかい】⑥(名) 整形外科医生

最善【さいぜん】⓪(名) 最好

見通す【みとおす】⓪(他五) 预测,预见

見当【けんとう】③(名) 推测,估计

1.「～だす」接尾词,接动词连用形后构成复合词,表示"新事物的产生或新动作的开始"。

　　◇読み出すとやめられません。/一读起来就爱不释手。

2.「～にとどまる」惯用表达,表示"留下"或"结束"。多用于和位置移动有关的静止状态,意为"留下""止于"。

　　◇今後2年間はインフレ率が5％にとどまるそうです。/听说今后两年的通货膨胀率将限于5％。

3.「～始める」接尾词,接动词连用形后构成复合词,表示"开始做……",含有持续下去的意思。

　　◇そんなことを言うとまた笑い始めて止まらなくなりますよ。/一说起那件事就又会止不住地笑起来。

4.「～てゆく」连语,接法及含义等同于「～ていく」,书面语。

　　◇やってゆくうちにだんだん分かってきました。/在做的过程中渐渐弄明白了。

5.「～に止まる」惯用表达,也表示"停止""停留",但使用范围比「～にとどまる」广。

　　◇バスは停留所に止まっています。/公交车停在车站上。

6.「～ば～ほど」句型,用言假定形＋「ば」＋同一用言连体形＋「ほど」表示随着前句程度的加深,后句的程度也不断加深。有时还可省略为用言连体形＋「ほど」的形式。意为"越……越……"。

　　◇考えれば考えるほどだんだん怖くなります。/越想越害怕。

7.「見当がつく」惯用语,意为"能估想到""能预计到"。类似的说法还有「見当をつける」。要注意自他动词的区别。

　　◇誰がしたのかだいたい見当がつきます。/能大致猜得出是谁干的。

原文翻译

哪怕是方向错了,迈出一步也比一辈子原地不动要好。只要你在前行,征途上就可以调整方向;假如一直呆在某个地方不动,你的自动导航系统就无法引导你。※麦克斯威尔·马尔茨(Maxwell Maltz,1899～1975):美国整形外科医生、临床心理学家。

創造性というものは能力や素質ではなく、実践することによって伸びます。※本多光太郎(ほんだこうたろう,1870～1954):物理学者。愛知県生まれ。

コメント:小説でも音楽でも、それにのめりこむように作っていると、創造のコツが分かってきます。創造の神は行動する者に微笑みます。

基本語彙

創造【そうぞう】⓪(名・他サ) 創造

素質【そしつ】⓪(名) 天分,天资

伸びる【のびる】②(自一) 发展,扩大

物理【ぶつり】①(名) 物理

のめりこむ【のめり込む】④(自五) 陷入,深陷

コツ【骨】⓪②(名) 窍门,要领

微笑む【ほほえむ】③(自五) 微笑

解説
跟我来ついてこい

1.「～によって」连语,体言或疑问词＋「か」后,表示"以此为依据",意为"根据"。

　◇日本では相手や状況によって、言葉遣いが違います。/在日本,说话措辞要看具体对象和场合。

2.「～にのめりこむ」慣用表达，意为"陷入""跌入""沉迷于"。

◇コンピューターゲームにのめりこんではいけませんよ。/可不能沉迷于电脑游戏。

原文翻译

提高创造性不靠能力和素质，要靠实践。

※本多光太郎(1870～1954)：物理学家。日本爱知县人。

結局、やり続けた奴が勝ちでしょう。※哀川翔(あいかわしょう,1961～)：俳優。徳島県生まれ。

コメント：夢を実現するための極論は、自分が進みたい方向を定めそれをやり続けることができるか、です。それさえしっかりとできていれば多少の困難や挫折はあるかも知れませんが、夢は必ず実現します。この単純なことが大切なのです。

基本語彙

奴【やつ】①(名・代)(粗鲁地或亲昵地称呼人)家伙,小子

俳優【はいゆう】⓪(名) 演员

徳島【とくしま】②③(名) 徳岛(县)(位于日本四国地区东部)

極論【きょくろん】⓪(名・自サ) 极端的言论,极力主张

定める【さだめる】③(他一) 决定,规定

しっかり③(副・自サ) 好好地；坚定

挫折【ざせつ】⓪(名・自サ) 挫折；气馁

単純【たんじゅん】⓪(形動・名) 单纯,简单

解説 跟我来ついてこい

1.「結局」副词,强调最后的结论或结果。意为"总之""最终"。
　　◇結局お金がなければ何もできないということですね。/总之,没钱什么也办不成啊。

2.「奴」名词,此处用来泛指某类人,包含对同辈或晚辈的亲近之情。
　　◇彼って、本当にかわいい奴ですね。/真是个可爱的家伙。

3.「さえ」副助词,接体言、活用词连用形、格助词、接续助词「て」等后,表示列举某一众所周知或极端的事例,以此类推其他,意为"甚至……""连……""不仅……而且"。也可用「さえも」「でさえ」的形式来表达。
　　◇忙しくて寝る時間さえ惜しいくらいです。/忙得连觉都舍不得睡。

原文翻译

最终还是坚持到底的家伙获胜吧。※哀川翔(1961~):演员。日本德島县人。

確かに計画することも大事です。でも、それは全体の中で捉えなければなりません。ある人は、行動を起こすのに完璧なタイミングを図っているうちに一生を終えてしまいます。※ジャック・キャンフィールド(1944~):作家。アメリカ人。

コメント:計画性もなくただ闇雲に行動するのも無謀ですが、いつまでも計画ばかりに頭を使っていても何も進展しません。あなたが一歩踏み出すのに必要なことは計画することなのか、それとも勇気なのか、どちらでしょうか。

基本語彙

捉える【とらえる】③(他一) 把握,领会
完璧【かんぺき】⓪(形動・名) 完美无缺,十全十美
タイミング【timing】⓪(名) 时机,良机
図る【はかる】②(他五) 谋求
闇雲【やみくも】⓪(形動) 胡乱,没头没脑
無謀【むぼう】⓪(形動・名) 轻率,鲁莽
勇気【ゆうき】①(名) 勇气

1.「のに」由格助词「の」+「に」构成。前接名词或动词连体形,表示目的。后面接「使う」「必要だ」「不可欠だ」等。

◇彼を説得するのには時間が必要です。/说服他需要时间。

2.「タイミングを計る」惯用语,意为"谋求时机"。

◇調査を終了するタイミングを計るための重要なデータとなるでしょう。/这大概会成为决定调查结束时机的重要资料吧。

3.「〜ばかり」副助词,接名词后,或以动词连用形+「てばかりいる」的形式表示限定,意为"净""全""老是"。含有反复之意。

◇若い時失敗ばかりしていました。/年轻的时候,除了失败还是失败。

4.「〜に頭を使う」惯用表达,意为"在……方面开动脑筋"。

◇「お金に対して頭を使う」という原則を心に留めることが大切だと思います。/我认为牢记"用钱多动脑"这条原则很重要。

5.「それとも」接续词,接在两个疑问句或者带有疑问语气的句子之间,表示选择。

◇A:コーヒーにする? それとも紅茶?
　B:どちらでもけっこうです。
／A:你喝咖啡还是红茶?

B:随便哪个都可以的。

原文翻译

计划固然重要,但一定要在全局上去把握,有人就是在寻求行动最佳时机的过程中荒废了一生。※杰克·坎菲尔德(Jack Canfield,1944~):美国作家。

たいていの場合、私たちは目の前に理想的な道が現れるのを待って日々を過ごしています。道は待つことではなく、歩くことによってできる、という事実を忘れているのです。※ロビン・シャーマ。

コメント:待つよりも行動するべき、とはよく言われることです。MP3で音楽でも聴きながら気楽に歩いていけばいいのです。弁当や水筒も持ったほうがいいでしょう。ハイキングに出かけるような雰囲気で進んでいくと、楽しみながら道ができていきます。

基本語彙

日々【ひび】①(名) 每天,天天

気楽【きらく】⓪(形動・名) 轻松,舒适

水筒【すいとう】⓪(名) 水壶

ハイキング【hiking】①(名・自サ) 郊游,徒步旅行

楽しむ【たのしむ】③(他五) 享受

解説
跟我来ついてこい

1.「日々を過ごす」惯用语,意为"度日"。

　◇楽しい日々を過ごしたいです。/我想每天都过得开开心心。

2.「~よりも」连语,由格助词「より」和副助词「も」构成。接体言、动词终止形后,比「より」语气强,意为"与其……不如……"。后项常与「~ほうがいい」

呼应。

◇休日は外へ出かけるよりも家でごろごろしているほうがいいです。/假期里与其出门倒不如待在家里的好。

3.「～ばいい」句型,接用言假定形后,表示建议,语气较为消极。意为"只要……就行"。

◇休みたければ休めばいいです。/想休息就休息好了。

4.「～(た)ほうがいい」句型,接动词连用形＋「た」后,表示积极地建议对方采取某种行动,与表示普遍主张的、接动词连体形后的句型「～(る)ほうがいい」相比,个人主观意志更强些。

◇やる前に、計画を立てたほうがいいです。/做之前还是定个计划好。

原文翻译

我们每天都在期待中度过,希望眼前能出现一条理想之路,但是,我们忘记了一个事实:路不是等出来的,而是走出来的。※罗宾·沙玛。

いつも今がベストタイミングなのです。いつも今がベストチャンスになります。あなたがその気になれば、あなたが本気で関われば、必要な事は待っていたように起こります。あなたによって、流れに変化が起こります。※中森じゅあん(なかもりじゅあん,1938～):エッセイスト、セラピスト。東京都生まれ。

コメント:あなたは今革命前夜です。燃え盛る情熱が明日の朝日を呼ぶとともに革命が始まり、望んでいた成果を勝ち取ることになります。前夜は一秒でも早く終わらせなければなりません。

基本語彙

ベスト【best】①(名) 最好,最上等

本気【ほんき】⓪(形動・名) 认真;真实

関わる【かかわる】③⓪(自五) 有牵连,有瓜葛

エッセイスト【essayist】④③①(名) 随笔作家

セラピスト【therapist】③(名) 心理医生,精神疗法专家

情熱【じょうねつ】⓪(名) 热情,激情

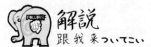
解説
跟我来ついてこい

1.「その気になる」惯用语,意为"有那样的想法"。「その気」指的是对前文提到过的事项的想法。

　　◇開発者自身がその気になり、一歩を踏み出しさえできれば、事業の半分は実現できます。/如果开发者本人有那样的想法,只需迈出一步,他就能够实现事业成功的一半。

2.「変化が起こる」惯用语,意为"发生变化"。注意自动词情况下多用于叙述状态或结果。

　　◇私たち人間が宇宙（うちゅう）に行くと、どのような変化が起こるのでしょうか。/如果我们人类去宇宙,那会发生什么变化呢?

3.「～盛る」读作「さかる」,用作接尾词、接动词连用形后构成复合动词,表示"该动作或状态处于旺盛期"。

　　◇今はみかんの出盛る時です。/现在是橘子大批上市的时候。

4.「～とともに」连语,接在名词或表示动作变化的动词终止形后。接人或机构名词时表示共同;接表示变化意义的名词(动名词)或动词时表示随着一方的动作、变化产生新的动作、变化,或者表示两者同时发生。

　　◇国の経済力（けいざいりょく）の発展（はってん）とともに、国民（こくみん）の生活も豊（ゆた）かになりました。/随着国家经济实力的发展,人民的生活也富裕起来了。

5.「成果を勝ち取る」惯用语,意为"获得成就"。

◇大きな成果を勝ち取るために力を尽くしていきましょう。/让我们为争取更大的成就而努力奋斗！

6.「一秒でも早く」惯用表达,意为"尽早""越早越好"。

◇一秒でも早く彼女に会いたいです。/我想尽早见到她。

7.「～ことになる」句型,接用言连体形后,表示"事情的结果""结局"。

◇あの人にお金を貸すと、結局返してもらえないことになるので貸したくありません。/一旦借钱给他就会有去无回,所以我不想借。

原文翻译

现在永远是最佳时机,是绝好的机会。只要你有此信念并脚踏实地,所求之事定会如期而至,一切如你所愿。※中森琼安(1938～):随笔作家、心理治疗专家。日本东京人。

やってみて「ダメだ」と分かったことと、はじめから「ダメだ」と言われたことは、違います。※イチロー。

コメント:「ダメだ」と言われたとき、ダメな理由も同時に教えてもらえます。しかし一般常識ではダメでも、自分にはできるかも知れません。挑戦して結果的にダメだったほうが遙かに納得できます。ダメという言葉に、可能性の芽を渡してはいけません。

基本語彙

一般【いっぱん】⓪(名) 一般,普通

常識【じょうしき】⓪(名) 常识

遙か【はるか】①(形動)(程度上)远远;(距离、时间上)遥远

芽【め】①(名)(事物的) 苗头,萌芽

解説 跟我来ついてこい

「可能性の芽」中「芽」意为"迹象""萌芽状态"。

◇あなたの可能性の芽を花開かせるのは、あなた自身です。/能让你自身的潜能之芽开花的是你自己。

原文翻译

尝试后得知"不行"，和一开始就被人认为"不行"是两码事儿。※铃木一朗。

どんなに苦手なことも、繰り返し訓練することによって自然にできるようになることって多いです。つまり量稽古が重要なワケです。そして、必ず「量が質に変わる」タイミングがあるんです。※千葉智之(ちばともゆき,1973〜):「出会いの大学」著者。広島県生まれ。

コメント:量がないにもかかわらず質を生むのが才能とすれば、量によって質を作るのが努力です。才能に恵まれない人でも努力する権利は与えられているのです。

基本語彙

苦手【にがて】⓪③(形動・名) 不擅长

繰り返す【くりかえす】③④⓪(他五) 反复,重复

訓練【くんれん】①(他サ・名) 训练

稽古【けいこ】①(名・他サ)(技能等的)练习,学习

質【しつ】⓪②(名) 质量

著者【ちょしゃ】①(名) 作者

恵まれる【めぐまれる】⓪(自一) 富于,富有

権利【けんり】①(名) 权利

与える【あたえる】④⓪(他一) 授予,给予,提供

解説
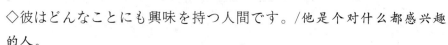

1.「どんな(に)～も」句型,「も」接形式体言后,「も」可换成「でも」「にも」,与后项的肯定形式呼应,加强肯定的语气,意为"不管……都……"。

　　◇彼はどんなことにも興味を持つ人間です。/他是个对什么都感兴趣的人。

2.「って」提示助词,只用于口语,文中表示提示话题,相当于「というのは」。此外,「って」还有引用、称谓、传闻等多种用法。

　　◇花って、きれいなものですね。/花儿真美啊。

　　◇WHOって、何のことですか。/WHO(World Health Organization 世界卫生组织)指的是什么呀？

4.「～にもかかわらず」连语,接体言或用言连体形后,接名词和形容动词谓语句时还可用「である」的形式,或直接接名词、形容动词词干后。意为"尽管……但是……""虽然……但是……"。

　　◇母親が止めたにもかかわらず、息子は出ていきました。/儿子不顾母亲的劝阻,还是离开家走了。

5.「～に恵まれる」惯用表达,接体言后,意为"赋予""富有"。

　　◇中国は資源に恵まれている国です。/中国是资源丰富的国家。

原文翻译

　　无论多难的技能,通过勤学苦练,多数都能够掌握。也就是说,练习的量很重要,有了它就一定会有机会"从量变到质变"。※千叶智之(1973～):《交际大学》的作者。日本广岛县人。

「志」とは、「いつの日か、こういう夢を実現しよう」という、目標のごときものではありません。それは、「今この一瞬を、いかに生き切るか」という、覚悟に他ならないと思うのです。※田坂広志(たさかひろし,1951～):多摩大学大学院教授。愛媛県生まれ。

　コメント:目の前に一個のリンゴがあります。「いつか食べよう」と思っていたら誰かに食べられてしまうでしょう。今すぐ食べることです。獣のように牙を剥いて、むさぼって、芯まで砕いて、胃の中で完全に溶かし切って。本物の志とは、美しい置物ではなく、激しい炎を吹き荒らす太陽なのです。

基本語彙

志【こころざし】⓪⑤(名) 志向,意愿

目標【もくひょう】⓪(名) 目标

一瞬【いっしゅん】⓪(名) 一瞬间

いかに【如何に】②(副) 如何,怎样

覚悟【かくご】①②(名・他サ) 决心,心理准备;主意

獣【けもの】⓪(名) 兽类

牙【きば】①(名) 獠牙,犬齿

剥く【むく】⓪(他五) 剥,削

むさぼる【貪る】③(他五) 贪婪;贪图

芯【しん】①(名) 芯;核心

砕く【くだく】②(他五) 弄碎,粉碎

溶かす【とかす】②(他五) 融化,溶解;熔化

本物【ほんもの】⓪(名) 真的,真货

置物【おきもの】⓪(名) 装饰品,摆设

吹き荒らす【ふきあらす】⓪(他五) 吹散,吹乱

太陽【たいよう】①(名) 太阳

解说

1.「いつの日か」连语,意为"将来某一天"。
　　◇いつの日かあなたはきっと立派な日本語通訳になるでしょう。/总有一天你会成为优秀的日语翻译。

2.「ごとき」文语助动词「ごとし」的连体形,接活用词连体形、体言或助词「の」「が」后,表示比喻、例示,书面语。口语说「～ような」。
　　◇それは彼のごとき人でなければできないことです。/那是只有像他那样的人才能做出来的事情。

3.「いかに～か」句型,其中「いかに」是文语,现代日语的说法是「どのように」「どんなに」,与疑问终助词「か」呼应,意为"如何……""怎样……"。如果接的是形容词、形容动词以及表示状态的动词,则表示程度颇甚,意为"多么……啊"。
　　◇いかに生きていくべきか、これは一生の問題です。/如何生活下去,这是一辈子的问题。

4.「～切る」接尾词,接动词连用形后构成复合动词,表示"动作完了""毅然决然"或"程度达到极限"等意。此处为"动作彻底结束"。
　　◇夜が明け切らないうちから仕事にかかります。/天还没亮就开始工作。

5.「～に他ならない」句型,接名词后,用于断定"除此之外没有某事项"。意为"无非是……""完全是……"。
　　◇今回の優勝は彼の努力のたまものに他なりません。/这次夺冠完全是他努力的结果。

6.「～まで」副助词,接名词、活用词连体形以及助词等后,表示程度很高,意为"连……都""甚至……都"。
　　◇そんなつまらないものまで買うんですか。/连那么无聊的东西都买呀。

原文翻译

"志向"不同于目标,目标是"将来某一天实现这个梦想"。而志向则是"如何渡过眼前难关"的决心。※田坂广志(1951～):多摩大学研究生院教授。日本爱媛县人。

　　不機嫌を投げかけた人は、不機嫌にならざるを得ない出来事が返ってくる。笑顔を投げかけた人は、笑顔になるような出来事が返ってくる。投げかけたものは返ってくる。投げかけないものは返らない。それが宇宙の法則であり、お釈迦様の教えなのです。※小林正観。

　　コメント:物理学と仏教は異なる分野ですが、そこに共通する原理があるなら真理と見なしてよいでしょう。いいものを得るために、いいものを投げます。悪いものを避けるために、悪いものを与えません。すべての起点は自分にあるということです。

基本語彙

不機嫌【ふきげん】②(名・形動) 不高兴,不痛快

投げる【なげる】②(他一) 扔,摔;提出

出来事【できごと】②(名) 事,事情

笑顔【えがお】①(名) 笑脸

宇宙【うちゅう】①(名) 宇宙

法則【ほうそく】⓪(名) 法则;规律

釈迦【しゃか】⓪①(名) 释迦牟尼

仏教【ぶっきょう】①(名) 佛教

異なる【ことなる】③(自五) 不一样,不同

分野【ぶんや】①(名) 领域,方面
共通【きょうつう】⓪(形動・自サ) 共通;共同
原理【げんり】①(名) 原理
真理【しんり】①(名) 真理
見なす【みなす】⓪②(他五) 视为,看作
避ける【さける】②(自他一) 避开;逃避
起点【きてん】⓪(名) 起点

解説
跟我来ついてこい

1.「～かける」接尾词,接动词连用形后,构成复合动词,表示"接近"或"对某人或事物实施某动作、作用并造成一定影响"。
　◇みんなに呼びかけて、要らなくなったものなどを持ってきてもらいましょう。/向大家呼吁,把不用的东西拿来。

2.「～ざるを得ない」连语,接动词、助动词未然形后。サ变动词「する」要说成「せざるをえない」,表示"除此之外别无选择",含有"迫于某种压力或某种情况而违心做某事"之意。与「～するほかない」含义基本相同。书面语。
　◇先生に言われたことだからやらざるを得ません。/因为是老师吩咐的,所以不得不做。

3.「～ということだ」句型,接常体句后,用于解释词句的含义或事项的来龙去脉。「という」部分不能省略,口语可以用「って」表示。
　◇このことわざの意味は時間を大切にしないといけないということです。/这句谚语的含义就是要珍惜时间。

原文翻译

给人不快,自己定遭同样待遇;而投人微笑,自己也会好事连连。投桃报李。投零获无。这就是宇宙之定律,释迦牟尼之教诲。※小林正观。

チャンス・夢

　人生とはチャンスそのものです。あまり安全ばかり考えて浅瀬にいると、貧弱なチャンスにしか出会えません。少し沖まで漕ぎ出すと、すてきなチャンスに出会えます。※中山庸子（なかやまようこ，1953～）：エッセイスト。群馬県生まれ。

　コメント：「危ない橋も一度は渡れ」と言います。安全や堅実さばかりを考えていると大きな成功は望めません。もしも夢があるのなら、一度ぐらいは危険なことをやってみましょう。そのとき危険と引き換えに、成功へと繋がるすばらしいチャンスが得られるかも知れません。

基本語彙

　浅瀬【あさせ】⓪（名）（海、河等）浅水处，浅滩
　貧弱【ひんじゃく】⓪（形動・名）贫乏，欠缺
　沖【おき】⓪（名）海上，湖心
　漕ぐ【こぐ】①（他五）划，摇
　群馬【ぐんま】①（名）群马（县）（位于日本关东地区西北部）
　渡る【わたる】⓪（自五）渡，过
　堅実【けんじつ】⓪（名・形動）稳固，踏实
　引き換える【ひきかえる】④③（自他一）正好相反，完全不同
　繋がる【つながる】⓪（自五）连接；牵连
　すばらしい【素晴らしい】④（形）绝佳

1.「そのもの」连语,接名词后,在本文中起到强调该名词的作用。意为"正是""就是",也可以接形容动词词干后,表示"极其""非常"等意。

◇あの映画は彼の人生そのものです。/那部电影就是他的人生写照。

2.「あまり」副词,后续肯定表现,表示"程度很高"。一般用于不太好的事情。

◇いくら美味しくても、あまり食べるとお腹を壊しますよ。/再怎么好吃,吃多了也会坏肚子的。

3.「～しか～ない」句型,其中「しか」是提示助词,接体言、动词连体形后,与否定形式呼应,意为"只……""仅……"。

◇私はお茶しか飲みません。/我只喝茶。

4.「渡れ」动词命令形,其活用形式是五段动词把词尾变为该行エ段的假名,一段动词把词尾「る」改为「ろ」或「よ」,サ变动词为「しろ」或「せよ」,カ变动词为「来い」。命令形语气较重,要特别注意使用场合和人际关系。为缓和命令语气,常在其后添加终助词「よ」。

◇はっきり言えよ。/说清楚点嘛。

5.「堅実さ」形容词、形容动词的名词形式,用形容词、形容动词的词干+「さ」表示,意为"程度""状态"。

◇万里の長城の雄大さとその建設の困難さはよく知られています。/万里长城的雄伟和其工程的艰巨世人皆知。

6.「～と引き換えに」惯用表达,接体言后,意为"与……交换"(自动词用法)"与……正好相反"(他动词用法)。

◇身分証明書と引き換えにテープレコーダをお渡しします。/录音机得用身份证作抵押。

7.「成功へと繋がる」连语,其中「へと」是助词重叠的用法,代替动词,起到使句子简洁明了的作用。该句完整的形式是「成功へたどる道と繋がる」。

◇私たちの道はどこへと思いますか。/你认为我们的道路将往何去?

原文翻译

人生就是机会。如果只求安全而停留于浅海,就只能捞到些微不足道的机会;一旦奋力划到深水区,则可碰到千载难逢的好机会。※中山庸子(1953～):随笔作家。日本群马县人。

人生に夢があるのではなく、夢が人生を作るのです。※宇津木妙子(うつぎたえこ,1953～):女子ソフトボール監督。埼玉県生まれ。

コメント:夢とは自分を輝かせる秘宝です。そして夢を追いかけて実現していく過程そのものが、人生です。

基本語彙

ソフトボール【softball】④(名) 垒球

監督【かんとく】⓪(名) 教练;导演

埼玉【さいたま】①(名) 琦玉(县)(位于日本关东地区中部)

輝く【かがやく】④(自五) 闪耀,灿烂

秘宝【ひほう】⓪(名) 秘宝,珍宝

追いかける【おいかける】④(他一) 追赶,赶上

原文翻译

不是人生抱有梦想,而是梦想成就人生。※宇津木妙子(1953～):女子垒球队教练。日本埼玉县人。

過酷な環境や貧しい衣食住等、人間は耐えられる範囲が狭くなることに反

比例して、わがままの幅は広がります。そして謙虚な心と感謝の心を失って傲慢な人間になっていきます。※鍵山秀三郎（かぎやまひでさぶろう，1933～）：イエローハット創業者。東京都生まれ。

　　コメント：耐えるということは苦痛を苦痛のまま感じることです。社会が豊かになるとともに、人々のかつて持っていた耐える力が失われ傲慢になっていくのは悲しいことです。豊かさを享受するとき、人はその副作用に十分に注意しなければなりません。

基本語彙

　　過酷【かこく】⓪（形動）严酷，苛刻
　　衣食住【いしょくじゅう】③②（名）穿衣、吃饭和居住
　　反比例【はんぴれい】⓪（自サ・名）反比例
　　わがまま【我がまま】③④（名・形動）任性，放肆
　　広がる【ひろがる】⓪（自五）变宽，扩大
　　謙虚【けんきょ】①（形動）谦虚，虚心
　　感謝【かんしゃ】①（他サ・名）感谢
　　傲慢【ごうまん】⓪（形動・名）傲慢，骄傲
　　イエローハット【Yellow Hat】⑤（名）黄帽子（汽车用品股份有限公司的标志）
　　苦痛【くつう】⓪（名）痛苦，烦恼
　　豊か【ゆたか】①（形動）富裕；足够
　　かつて①（副）曾经，以前
　　享受【きょうじゅ】①（他サ・名）享受；欣赏
　　副作用【ふくさよう】③（名）副作用

解説　跟我来ついてこい

　　「〜に反比例して」慣用表达，接体言后，意为"与……成反比"。此处的「に」也可换作「と」。

◇会社の成長に反比例して、社員の定着率は年々下がり続けていました。/与公司发展成反比,员工的在职率却年年持续下降。

原文翻译

恶劣的环境、贫困的生活等让人所能忍耐的限度越小,自我膨胀的范围就会越大,随之而来的就是丧失谦逊和感谢之心而成为傲慢的人。※键山秀三郎(1933～):Yellow Hat Ltd 汽车用品公司的创始人。日本东京人。

自分一人のためだけではなく、好きな人のため、仲間のため、世の中のため、国のため、人類や宇宙のため、と誰かのためにがんばろうと決めた瞬間から、その夢には本気のスイッチが入るように思えます。※船井幸雄。

コメント:有名大学の日本語学部の教授になるのが夢だとして、それをどうやって実現しますか。自分のことだけを考えていたら出てくるアイデアにも情熱にも限界があります。しかし、より多くの学生のために最高の教育をしたいと考えたとき、夢は具体性を帯び、さらに実現の喜びを人と分かち合うこともできます。

基本語彙

瞬間【しゅんかん】⓪(名)瞬间

アイデア【idea】③(名)点子,主意

限界【げんかい】⓪(名)限度,界限

最高【さいこう】⓪(名)最高,至高无上

帯びる【おびる】②⓪(他一)带有,含有

分かち合う【わかちあう】④(他五)互相分享,共同分担

解説
跟我来ついてこい

1.「～だけではなく」句型，接体言、活用词连体形以及部分格助词后，意为"不仅……"，后项中多用「も」表示并列。类似的用法还有「～ばかりでなく～も～」。

　　◇あなただけではなく、私もびっくりしました。/不仅是你，我也吃了一惊。

2.「～ように思える」句型，接法为名词＋「の」＋「ように思える」、形容动词词干＋「な」＋「ように思える」、形容词、动词、助动词连体形＋「ように思える」，一般用于叙述感觉、印象的内容或委婉地叙述自我主张。类似的表达有「～ように思われる」。

　　◇人生は楽しいもののように思えます。/我认为人生是很愉快的。

3.「～として」连语，接常体句后，表示假设。注意与表示"作为……"的「として」的接法及含义的不同。

　　◇あなたが私だとして、そのときどうしますか。/假如你是我，那时候你怎么办？

4.「より～」副词，多接形容词、形容动词前，表示程度更高一些，意为"更……"。

　　◇お互いにより深く理解してほしいです。/希望你们之间再多互相了解了解。

原文翻译

　　当你决定不仅仅是为自己，也为所爱之人、为朋友、为社会、为祖国、为人类、为宇宙，即为别人而奋斗的那一瞬间，你已经为实现梦想按下了启动的按钮。※船井幸雄。

すべては人を介してやってきます。チャンスは人に乗ってやってくるのです。家に閉じこもっていては、なにも変わらないのです。※千葉智之。

コメント:思い返してみてください。人生の大きなターニングポイントは、決して家の中のテレビやインターネットから与えられるものではなく、必ず人を介してもたらされるはずです。

基本語彙

介する【かいする】③(他サ) 通过;介于……之内

閉じこもる【とじこもる】④⓪(自五) 闭门不出,闷在家里

思い返す【おもいかえす】④⓪(他五) 回想;重新考虑

ターニングポイント【turning point】⑥(名) 转折点,分歧点

解説
跟我来ついてこい

1.「決して～ない」句型,表示强烈的否定,意为"绝不……"。类似的说法还有「絶対～ない」。

◇私は決して彼の思うままにはなりません。/我绝不成为他所期望的那种人。

2.「～はず」形式体言,接名词＋「の」或用言连体形后,表示产生这种结果的必然性,是说话人基于某种合理的根据而作出的主观推断。意为"应该""理应"。

◇四日前に出した手紙ですから、もう着いたはずですよ。/四天前寄出的信,应该已经到了吧。

原文翻译

事在人为,机随人至。闭门绝户则无机会可言。※千叶智之。

　私はよく人から成功する秘訣を教えてほしいとか、どうすれば夢を実現することができるかと尋ねられます。その答えは「自分でやってみる」ことです。※ウォルト・ディズニー(1901～1966)：アメリカの漫画家・アニメ製作者・映画監督・実業家。

　コメント：成功する秘訣がすべての人に当てはまるとは限りません。また成功するのに「一朝一夕で」というわけにはいきません。ですから自分で実際にいろいろやってみて、失敗しながら少しずつ成功に近づいていくのが、もっとも確実な方法と言えるのです。

基本語彙

秘訣【ひけつ】⓪(名) 秘诀

漫画家【まんがか】⓪(名) 漫画家

アニメ【anima(tion)】①⓪(名)(「アニメーション」的略语) 动画，卡通片

製作【せいさく】⓪(名・他サ) 制作

イリノイ【Illinois】⓪(名)(美国) 伊利诺伊州

当てはまる【あてはまる】④(自五) 适合，适用

一朝一夕【いっちょういっせき】⓪⑧(名) 一朝一夕

確実【かくじつ】⓪(形動・名) 准确，可靠

1.「とか」并列助词，接体言或用言终止形后，表示"随意列举"的语气。

　　◇本で調べるとか人に聞くとか、何か方法があるでしょう。/要么查书，要么问人，总有一些办法吧。

2.「～とは限らない」句型，接体言、活用词终止形(形容动词词干)后，常与副词「必ずしも」等一起使用，意为"未必如此"。

◇大事件が起こらないとは限りません。/未必不会发生大事件。

3.「～わけにはいかない」句型,接活用词连体形后,表示"由于种种原因,在情理上不能这样做"的意思。它表示的不是单纯的"不能做",含有"根据一般常识、社会公德或过去的经验而得出不能够做的结论"的意思。

◇今日は大事な会議がありますから、少しぐらい熱があっても休むわけにはいきません。/今天有重要的会议,所以即使有点发烧也不能休息。

4.「～ながら」接续助词,接体言和活用词连用形(形容动词词干)后。文中并非表示两个动作同时进行,而是表示逆接。意为"虽然……但是……"。

◇明らかに知っていながら教えてくれません。/他明明知道却不告诉我。

5.「ずつ」副词,接数量词后表示"均等"。

◇毎日一時間ずつ朗読をすれば、日本語はきっと上達します。/如果你每天朗读一个小时,你的日语一定会上个台阶。

原文翻译

人们经常向我讨教成功的秘诀,或是咨询如何才能圆梦。我的回答就三个字:"自己做"。※华特·迪士尼(Walt Disney,1901～1966):美国漫画家、动画制片人、电影导演、实业家。

人間には待機の時代と断行の時代とがあります。潜伏の時代と飛躍の時代とがあります。じっと好機の到来を待つ間も大事ですが、ひとたび好機到来となれば機敏にチャンスを捕まえる気力がなくてはなりません。※本多光太郎。

コメント:チャンスがないのに闇雲に行動しても失敗するだけです。しかしチャンスを待ち続けるのも辛抱が必要です。チャンスが来る時までいか

に気力を持続させるかが問題です。

基本語彙

待機【たいき】①（名・自サ）伺机，等待时机

断行【だんこう】⓪（名・他サ）断然实行，坚决实行

潜伏【せんぷく】⓪（名・自サ）潜伏

飛躍【ひやく】⓪（名・自サ）飞跃，跳跃

ひとたび【一度】②（副・名）一旦，如果；一回

機敏【きびん】⓪（形動・名）敏捷，机灵

気力【きりょく】⓪①（名）魄力，精力

辛抱【しんぼう】①（名・自他サ）忍耐，忍受

持続【じぞく】⓪（他自サ・名）持续，坚持

解説
跟我来ついてこい

1.「～となれば」句型，接体言或用言终止形后，表示"假定条件"或"既定条件"，即根据前项假设或出现的情况、事实，作出理所当然的判断或应该采取的行动。

　　◇外国に住むとなれば、やはりその国の言葉を勉強しておいたほうがいいですよ。/如果定居国外，还是先学学那个国家的语言比较好呀。

2.「チャンスを捕まえる」惯用语，意为"抓住机会"。

　　◇油断すると、いいチャンスを捕まえられません。/一有疏忽，就会错失良机。

3.「～なくてはならない」句型，接动词未然形后，意为"必须""务必""一定"，类似的说法还有「～なければならない」。

　　◇明日授業があるので、今日は早く帰らなくてはなりません。/我明天有课，今天必须早点儿回去。

原文翻译

　　人们既有静待良机的时候，也有果敢行动之时；既有蛰伏不动，也有纵身一

跃。苦苦等待时机到来固然重要,但是当稍纵即逝的好机会来临时,则需要有瞬间抓住它的魄力。※本多光太郎。

野茂さんがアメリカでプレーしていた姿を見てカッコいいなあと思いました。自分もいつの日か、あのマウンドに立ちたい。最初は憧れでしたが、今はやれるという自信に変わってきました。※松坂大輔(まつざかだいすけ,1980～):プロ野球選手。青森県生まれ。

コメント:松坂選手は高校野球時代から大活躍していましたが、高校野球と大リーグとではレベルに雲泥の差があります。しかし松坂選手は日本のプロ野球に入り、地道に努力を続けてすばらしい成績をあげ、ついに大リーグのマウンドに立ちました。夢は憧れから始まり、実現で終わります。

基本語彙

プレー【play】②(自サ・名) 比赛

マウンド【mound】⓪(名)(棒球) 投手(踏)板

憧れ【あこがれ】⓪(名) 憧憬,向往

活躍【かつやく】⓪(自サ・名) 活跃

大リーグ【だい league】③(名) 美国职业棒球大联盟

レベル【level】①(名) 水平,水准

雲泥の差【うんでいのさ】(慣) 天壤之别,相差悬殊

地道【じみち】⓪(形動・名) 踏实,勤恳

1.「野茂」人名,全名为野茂英雄,出生于日本大阪,是美国职业棒球投手。绰号"K博士""龙卷风",是1990年代以来亚洲球员渡海成功的范例,带动了日本

及亚洲球员的旅美风潮。

2.「カッコいい」连语,源自于惯用语「かっこうがいい」,含有"装束帅气""事情干得漂亮""物品外表好看"等多种意思。此处表示"球技绝佳,令人羡慕"。

◇わあ、あそこのお兄さん、チョーカッコいい。/哇,那边的帅哥太酷了!

3.「なあ」终助词,可表示"感叹""期望""佩服"等意。此处表示钦佩的语气,相当于"啊"。常用于自言自语。

◇ずいぶん早いなあ。/真够早的啊。

4.「雲泥の差」惯用语,意为"天壤之别"。类似说法有「月とすっぽん」。

◇情報は知っているのと知らないのとでは雲泥の差がありますね。/信息啊,灵通和不灵通那可是天壤之别呀!

5.「成績をあげる」惯用语,意为"提高成绩"。类似的说法还有「成績を取る」(取得成绩)。

◇今年度の生産は大きな成績をあげました。/本年度的生产取得了巨大的成就。

6.「ついに」副词,表示"最终达到了某种结局",强调经过了很长的过程。多用于表达消极结果,有时也可表示积极的结果。一般译成"终于""到底"。

◇あの人はいろいろな薬を飲んだのですが、ついに亡くなりました。/他各种药都吃过了,可最终还是"走"了。

原文翻译

当我看到野茂在美国征战的雄姿时,不禁感叹"太帅了"。我也期待着有一天能够站在投手位子上。虽然一开始只是梦想,但如今我也有这样的自信了。

※松坂大辅(1980~):职业棒球手。日本青森县人。

同じ夢を追求し続けていると、その夢はどんどん鮮明で、細かいとこまで

分かるようになり、ついにはカラーでみえるようになります。それがビジョンです。そういう心理状態になったとき、私は自分のビジョンが実現することが分かるのです。※稲盛和夫。

コメント:写真は白黒よりカラーのほうがよく映えます。あなたの夢がまだ白黒なら絵の具で鮮やかに染め上げてください。

基本語彙

追求【ついきゅう】⓪(他サ・名) 追求,寻求

鮮明【せんめい】⓪(形動) 鲜明

細かい【こまかい】③(形) 细小;详细

カラー【color】①(名) 彩色

ビジョン【vision】①(名) 理想;梦幻

状態【じょうたい】⓪(名) 状态

白黒【しろくろ】⓪①(名) 黑白

鮮やか【あざやか】②(形動) 鲜艳

染め上げる【そめあげる】④⓪(他一) 染好;染成某种颜色

原文翻译

　　如果执着地追求同一个梦想,那它就会越来越清晰,越来越明朗,越来越纤毫毕现,最终多姿多彩。这,就是理想。当处于这种心理状态的时候,我就意识到自己的理想将要实现了。※稲盛和夫。

あなたの夢は、あなたが起きているときの行動一つで叶うのです!「見る」夢から「実る」夢へと変えるために必要なものは、あなたのちょっとした勇気だけなのです!※中島薫(なかじまかおる,1952～):ディストリビューター。島根県生まれ。

コメント:夢は発案者で、行動は革命家です。そして革命の第一歩を踏ま

せるのは勇気です。

基本語彙

葉う【かなう】②(自五) 愿望实现，达到目的

発案【はつあん】⓪(名・他サ) 提案；想出来

第一歩【だいいっぽ】①(名) 第一步，开端

解説
跟我来ついてこい

1.「～から～へと」句型，其中「から」表示一种方式的起点，「へ」表示转化的方向，「と」表示转化的结果，意为"由……成为……""由……到……"。

◇乗り物は馬車から自動車へと変わってきました。/交通工具由马车变成了汽车。

2.「ちょっとした」连语，后接名词，表示"轻微""不很重要""些许"，是缓和程度的说法。除此之外还可以表示"非同一般""程度相当高"等完全相反的意思。具体含义要根据上下文来判断。

◇ちょっとした風邪がもとで亡くなったそうです。/听说就是因为小感冒而丢了性命。

原文翻译

梦想会在你不做梦时所采取的某个行动中得以实现！从"做梦"到"圆梦"，其间不可缺少的只是你的一点点勇气。※中岛薫(1952～)：分销商。日本岛根县人。

エジソンは発明に惚れ込みました。フォードは自動車に惚れ込みました。ライト兄弟は飛行機に惚れ込みました。自分が何に熱中しているかに、大いに注意を払ってください。なぜなら、それは、必ず実現するからです。※ポール・J・マイヤー（1928～）：アメリカの能力開発研究家。

コメント：惚れ込む対象がある人は成功の条件を満たしていることになります。まだない人は急いで探しましょう。惚れ込んでからそれを実現するまでには、一定の時間が必要なのです。人生の終わり頃に対象を見つけても、もう実現には間に合いません。

基本語彙

エジソン【Edison】①（名）爱迪生（人名）

惚れ込む【ほれこむ】③（自五）迷恋；看上

フォード【Ford】①（名）福特（人名）

自動車【じどうしゃ】②（名）汽车

ライト【Wright】①（名）莱特（人名）

熱中【ねっちゅう】⓪（自サ・名）热衷，入迷

大いに【おおいに】①（副）非常，大大地

払う【はらう】②（他五）加以（注意等），倾注；拂，掸

対象【たいしょう】⓪（名）对象，目标

条件【じょうけん】③（名）条件

満たす【みたす】②（他五）满足；充满

急ぐ【いそぐ】②（自五）急急忙忙，赶紧

探す【さがす】⓪（他五）寻找；寻求

間に合う【まにあう】③（自五）赶得上，来得及

解説 跟我来ついてこい

1.「～に熱中する」惯用表达,意为"热衷于……""专心致力于……"。
　　◇彼は日本語の勉強に熱中していて、ほかのことに全然興味がありません。/他专心致力于日语学习,对其他事情毫无兴趣。

2.「注意を払う」惯用语,意为"注重""给予关注"。
　　◇あの人の行動に注意を払ってください。/注意那人的行为。

3.「なぜなら～からだ」句型,「から」接常体句后,表示因果关系。多用于先陈述结果,后解释原因。一般用于书面语或较为正式场面的口语表达中。日常会话中多用「なぜかというと/なぜかといえば～からだ」。
　　◇原子力発電には反対です。なぜなら、絶対に安全だという保証がないからです。/我反对利用核能发电。要说为什么,因为它没有绝对安全的保证。

原文翻译
　　爱迪生痴迷于搞发明,福特钟情于汽车,莱特兄弟倾心于飞机制造。要特别关注自己的喜好。之所以这么说是因为它必将会成为现实。※保罗·麦尔(Paul J. Meyer,1928～):美国潜能开发研究者。

失敗・成功

人からこう言われるのが望みです。「彼は完璧ではないが、自分のミスを潔く認めるし、できるだけ早く直そうとする」と。※バラク・オバマ(1961～):第56、57代アメリカ大統領。

コメント:誰にでも間違えることはありますし、失敗することもあります。しかしそのミスをどう受け止め、次に何をするかは人によって違いがあります。変なプライドにこだわらず、ミスを潔く認め、早く次のステージに進んでいきましょう。

基本語彙

ミス【miss】①(名) 错误

潔い【いさぎよい】④(形) 勇敢,痛痛快快

大統領【だいとうりょう】③(名) 总统

間違える【まちがえる】③④(他一) 弄错,搞错

受け止める【うけとめる】④⓪(他一) 认识,接受

変【へん】①(形動) 古怪,反常

こだわる③(自五) 拘泥

ステージ【stage】②(名) 舞台

解説 跟我来ついてこい

1.「(認める)し」接续助词,接常体句后表示并列,往往用于列举原因、理由。

◇授業時間が長いし、宿題が多いし、大変です。/上课时间长,作业多,

忙得不可开交。

2.「～とする」连语,接动词意志形后,表示"想努力实现某事"。

◇彼女は日本へ留学しようとしています。/她想去日本留学。

3.「こだわらず」中的「ず」曾经在前面出现的「～に過ぎず」中解释过。除了用于结句外,「ず」还可以用在句中,表示否定含义。口语为「なくて」或「ないで」。

◇あきらめず、最後まで頑張ってください。/请别灰心,要坚持到最后。

原文翻译

我希望别人如此评价我:"他并非十全十美,但他能够坦承自己的错误并争取尽早改正。"※贝拉克·奥巴马(Barack Obama,1961～):美国第56、57任总统。

従来の教育には、「教」はあっても「育」がありません。育てるということは、「成功」の味をしめさせ、「失敗」に学ばせることです。※西堀栄三郎(にしぼりえいざぶろう,1903～1989):登山家・科学者。京都生まれ。

コメント:人は教えられた知識だけでは成長できません。教える側は学ぶ側に何らかの体験をさせて、失敗でも何でも様々なことを身を以て学ばせるべきです。「失敗は成功のもと」と言います。失敗も成功に繋がる貴重な体験なのです。

基本語彙

従来【じゅうらい】①(名) 以往,历来

育てる【そだてる】③(他一) 教育,培养;养育,扶养

登山家【とざんか】⓪(名) 登山家

何らか【なんらか】④①⓪(名・副) 某些,多少

体験【たいけん】⓪(名・他サ) 体验

身【み】⓪(名)自身；身体
以て【もって】①(連語)以，凭，根据
貴重【きちょう】⓪(形動)贵重

解説
跟我来ついてこい

1.「味をしめる」慣用語，意为"尝到甜头"。
　◇あの男は一度金をやったら、味をしめて何度も来ます。/那小子啊，只要你给他一次钱，让他尝到甜头了，还不知道以后会来多少次呢。

2.「身を以て」慣用語，意为"亲自"。
　◇彼は何でも身を以て実践するまじめな人です。/他是个凡事都要身体力行、一丝不苟的人。

3.「失敗は成功のもと」谚语，即"失败乃成功之母"。也说「失敗は成功の母」。
　◇「失敗は成功のもと」と思って、商品開発をがんばり続けています。/"失败乃成功之母"，我要致力于产品开发。

原文翻译
　　过去的教育中有"教"，缺少"育"。所谓"育"，就是从"成功"中体验喜悦，从"失败"中汲取教训。※西堀荣三郎（1903～1989）：登山家、科学家。日本京都人。

　　人生に成功する秘訣は、あなたが好きなことをするというのではなく、あなたのやっていることを好きになるということです。※ゲーテ(1749～1832)：ドイツの詩人・小説家・劇作家。

　　コメント：運命には変えられる部分と変えられない部分があります。経済状況や自分の能力などから不本意な仕事が与えられたとしたら、それは従う

しかありません。しかしその仕事を好きになることができれば毎日が楽しくなります。人間は運命に支配されつつも好悪の感情をコントロールすることで、運命を好ましい方向へ導くことができるのです。

基本語彙

詩人【しじん】⓪(名) 诗人

劇作家【げきさっか】⓪(名) 剧作家

運命【うんめい】①(名) 命运

状況【じょうきょう】⓪(名) 情况,状况

不本意【ふほんい】②(形動・名) 非本意,不情愿

従う【したがう】⓪③(自五) 服从,听从

支配【しはい】①(他サ・名) 支配,指使

好悪【こうお】①(名) 好恶,爱憎

感情【かんじょう】⓪(名) 感情

コントロール【control】④(他サ・名) 控制

好ましい【このましい】④(形) 令人满意,令人愉快

解説 跟我来ついてこい

1.「～を好きになる」惯用表达,意为"喜欢……"。一般来说,「好きだ」前面的对象多以「が」来表示,但如果「好き」后续动词时,对象部分可接「を」,用以明确区分喜欢和被喜欢的对象。

◇彼は彼女を好きになってきました。/他爱上了她。

2.「～としたら」句型,以名词、形容动词词干+「だとしたら」或形容词、动词终止形+「としたら」的形式,表示假设前项成立,后项将出现某种结局或采取某项措施。多为说话人的意志、判断或评价。

◇家を建てるとしたら、大きい家がいいです。/要盖房子的话,还是大房子好。

3.「つつも」连语,其中「つつ」为接续助词,接动词连用形后,表示"一个主体

同时进行两个动作"和"连接两个相反的事项"。此处添加接续助词「も」加强逆接语气。「つつも」用于书面或正式的会话场合，与「のに」「ながらも」表示逆接的用法相似。

◇母は心配しつつも、海外旅行を許してくれました。/母亲虽然担心，但还是同意了我去国外旅行。

原文翻译

人生成功之秘诀并非好而为之，而是为而好之。※歌德（Goethe，1749～1832）：德国诗人、小说家、剧作家。

何度負けてもいい、のんきにじっくりとやれば必ず勝つ日がきます。※北村西望（きたむらせいぼう，1884～1987）：美術家。長崎県生まれ。

コメント：「待てば海路の日和あり」と言います。いまは海が荒れていても、じっと待っていればよい天気の日がやって来て航海できます。どれだけ悪い天気が続いても、いつかは必ず晴れるでしょう。晴れを待つような感覚で、努力を続け、チャンスや成功を待っていればいいのです。

基本語彙

のんき【呑気】①（形動・名）从容不迫,不慌不忙

じっくり③（副）踏踏实实（地）,慢慢（地）

美術家【びじゅつか】⓪（名）美术家

海路【かいろ】①（名）海路,航道

日和【ひより】⓪（名）晴天,好天气

荒れる【あれる】⓪（自一）（海涛）汹涌

航海【こうかい】①（自サ・名）航海

感覚【かんかく】⓪（名）感觉,情感

 解説
　　　跟我来ついてこい

　1.「～てもいい」句型,接动词、形容词连用形后,也可以是名词、形容动词词干＋「でもいい」的形式。表示允许某种情况或同意别人做某事。疑问形式表示征询对方的许可或同意。

　　◇A:たばこを吸ってもいいですか。
　　　B:吸ってもいいですけど、吐いては困ります。
　　／A:我能抽烟吗?
　　　B:能抽,但是希望别吐烟。

　2.「待てば海路の日和あり」谚语,意为"功到自然成"。

　　◇待てば海路の日和あり！やっと彼女から返事が来ましたよ。／功到自然成！她终于回信了。

　3.「どれだけ～ても」句型,其中「だけ」表示程度,「ても」接动词、形容词连用形后,接名词或形容动词时要用名词或形容动词词干＋「でも」。意为"不论……都……","不管……也……"。类似说法还有「どんなに～ても」「いくら～ても」。

　　◇どれだけ苦しくても、最後までがんばります。／不管多苦也要坚持到最后。

 原文翻译

　　　人生坎坷乃常态,求胜何必惧失败。凝神专注恒心久,他日奏凯总可待。
※北村西望(1884～1987):美术家。日本长崎人。

この世のもっとも不幸な人間は、過去の自分に執着し、過去の失敗のゆえにいつまでも自分自身を批判し続ける人でしょう。過去のことで自分を悲観しても、何の問題解決にもなりません。いつまでも進歩もなく、過去の自

分のままです。今日失敗したことは、きっと明日も失敗するだろう、そんな考えは、自分自身の足を引っ張っているのと同じことです。※マックスウェル・マルツ。

　コメント:過去の自分と今の自分は同一の存在です。しかしそれは単にアイデンティティのことを言っているのです。人は生きる過程でいろいろなことを体験し、自覚しているにせよ無自覚にせよ成長していきます。ですから過去に失敗したことを今日も失敗するとは限りません。うまくやれる可能性もあるのです。過去よりも、日々成長する自分を信じるべきです。

基本語彙

もっとも【最も】③(副) 最

不幸【ふこう】①②(形動・名) 不幸,倒霉

執着【しゅうちゃく・しゅうじゃく】⓪(自サ・名) 留恋,执著

批判【ひはん】⓪(他サ・名) 批评,批判

悲観【ひかん】⓪(他自サ・名) 悲观,失望

引っ張る【ひっぱる】③(他五) 拖,拉

同一【どういつ】⓪(名・形動) 同一,相同

単に【たんに】①(副) 只,仅

アイデンティティ【identity】③(名) 同一性,主体性

解説
跟我来ついてこい

1.「～に執着する」惯用表达,意为"对……执著""对……不肯舍弃"。

　　◇舊習(きゅうしゅう)に執着する人は進歩できません。/固守旧习的人无法进步。

2.「～ゆえに」连语,由形式体言「ゆえ」＋格助词「に」构成。接活用词连体形,体言＋「の」后,表示原因。书面语。

　　◇貧困のゆえに、高等教育を受けられない子供がたくさんいます。/有许多孩子因贫困而无法接受高等教育。

3.「足を引っ張る」惯用语,意为"拖后腿"。

◇彼を仲間に入れても足を引っ張るだけで、役に立たないでしょう。
／就算让他加入我们也只能拖后腿,起不了作用吧?

4.「～にせよ～にせよ」句型,接体言或用言终止形(形容动词为词干)后,举出同类或对立的两个事物、动作以暗示其他,意为"无论……"。类似的表达还有「～にしろ～にしろ」。

◇来るにせよ来ないにせよ、連絡ぐらいはしてほしいです。／来也好,不来也罢,希望他跟我联系一下。

原文翻译

世上最不幸的人大概就是那些纠结于从前的自我、因过去的失败一个劲儿自责的人。为往事一蹶不振解决不了任何问题,那只能一成不变,毫无所获。认为今日败明日也无胜券,这就如同作茧自缚。※麦克斯威尔·马尔茨。

私にとって唯一の失敗とは、試みなかったこと、夢を見なかったこと、挑戦しなかったことです。真のリスクはリスクのない生活に潜んでいます。※トム・ピーターズ(1942～):アメリカの経営コンサルタント。

コメント:リスクのない生活はぬるま湯です。気持ちよくて、ずっと入っていたいと思います。しかしそれが、外に出て挑戦しようとする気力をも奪ってしまうのです。

基本語彙

唯一【ゆいつ・ゆいいつ】①(名)唯一
試みる【こころみる】④(他一)尝试

真の【しんの】①(連体) 真正的
潜む【ひそむ】②(自五) 隐藏，潜伏
コンサルタント【consultant】③(名) (企业经营)顾问，专家
ぬるま湯【ぬるまゆ】③(名) 温水
奪う【うばう】②⓪(他五) 抢夺，剥夺

1.「夢を見る」惯用语，意为"做梦"。
 　◇夕べ、ふるさとの夢を見ました。／昨晚我梦见了故乡。
2.「真の」连语，接名词，意为"真正的""货真价实的"。
 　◇真の幸福はいったいどこにあるのでしょう。／真正的幸福究竟在何处呢？
3.「気力を奪う」惯用语，意为"夺去做某事的勇气""夺去某人的精力"。
 　◇最後までやり遂げようとする気力をその打撃で奪ってしまいました。／这次打击使我完全失去了坚持到底的心气儿。

原文翻译

　　对我来说唯一的失败就是没有尝试、没有梦想、没有挑战。真正的危机就隐藏在风平浪静的生活中。※汤姆·彼得斯(Thomas Peters,1942～)：美国经营顾问。

　　失敗がいくつも見つかったら成功は近いと思いなさい。失敗は成功に至る方法論の間違いを告げるメッセージです。※ジョセフ・マーフィー(1898～1981)：アメリカ宗教家、著述家、英国生まれ。
　　コメント：「失敗は成功の母」です。かのエジソンも膨大な数の失敗を経て多くの物を発明しました。失敗からヒントを得られる人が成功できます。

失敗から何も得ようとしない人は、同種の失敗を繰り返し、永遠に停滞します。

基本語彙

至る【いたる】②(自五) 到达,达到
告げる【つげる】⓪(他一) 告诉,通报
メッセージ【message】①(名) 消息,口信
かの①(連体) 那个
膨大【ぼうだい】⓪(形動・名) 庞大,巨大
ヒント【hint】①(名) 启发,暗示
永遠【えいえん】⓪(形動・名) 永远
停滞【ていたい】⓪(自サ・名) 停滞,停顿

解説
跟我来ついてこい

1.「～に至る」句型,接名词或动词连体形后。书面语,既可以表示具体"到达某个地点",也可以表示抽象的"达到某个阶段""成为某种结果"。

◇さんざん悩んだ結果、仕事をやめて田舎で自給自足の生活をするという結論に至りました。/经过极为痛苦的挣扎,最终决定放弃工作,在老家过自给自足的生活。

2.「かの」连体词,文语,相当于「あの」。表示"(双方都熟知的)那个(人、事、物)"。

◇彼はかの大事故で死んでしまいました。/他死于那场众人皆知的事故中。

3.「ヒントを得る」惯用语,意为"得到启示"。

◇あの先生からいろいろなヒントを得ました。/从那位老师那里我得到了许多启示。

原文翻译

　　历经多次失败后你要坚信成功就在眼前。失败会传递给我们信息,告知我们通达成功的道路中哪一条走偏了。※约瑟夫·墨菲(Joseph Murphy,1898~1981):美国宗教家、作家。英国人。

　　誰も言わないけど、成功している人はみんなこっそり努力している。稽古や努力は当たり前で、更にヒットが打てるかどうかがプロでしょう。※高田文夫(たかだふみお,1948~):放送作家。東京都生まれ。

　　コメント:努力している姿は表に見えません。しかし音楽や映画で活躍している人は、積み重ねた努力の上に立っているのです。ここまでは凡人でも努力次第でできますが、多くの人に受容されるヒットを出すには、努力の他に、才能やインスピレーションが必要です。だからプロになれる人は少ないのです。

基本語彙

　　こっそり③(副) 悄悄(地),偷偷(地)

　　当たり前【あたりまえ】⓪(形動・名) 当然,自然

　　ヒット【hit】①(名・自サ) (棒球)安打;很大的成功,大受欢迎

　　凡人【ぼんじん】⓪(名) 凡人,普通人

　　次第【しだい】⓪(接尾) 全凭,要看

　　受容【じゅよう】⓪(他サ・名) 容纳,接受

　　インスピレーション【inspiration】⑤(名) 灵感

 解説
　　跟我来ついてこい

1.「ヒットを打つ」慣用語,原指棒球比赛中的"安全打",此处引申为"取得

成功"。

◇新製品はヒットが打てるでしょうか。/新产品能获得成功吗?

2.「～次第で」连语,接名词后,意为"根据……的情况而变化,为其所左右"。

◇結婚した相手次第で人生が決まってしまうこともあります。/有时候和谁结婚可以决定一生的命运。

3.「～には～」连语,接动词连体形后,表示目的,后项为达到该目的应做的行为或必需的事情。该连语用于规范性、习惯性事项,常用「～なければならない」「必要だ」「～たらいいですか」结句。意为"要那么做就得……""要想那样就得……"。

◇その電車に乗るには予約をとる必要があります。/要想坐那趟电车就得预约。

原文翻译

嘴上不说,但成功人士个个都在默默地奋斗着。训练和努力自不待言,在此基础上能够闪亮登场的才算行家里手。※高田文夫(1948～):广播作家。日本东京人。

勝利に向かう人生の幕を開くのは、信念です。しかし、そこに知識がともなわなければ、人生の勝利は望めません。※ジェームズ・アレン(1864～1912):イギリスの哲学者。

コメント:「知者は惑わず勇者は懼れず」と言います。論語の言葉です。知識と勇気は、迷いや恐怖を払いのけ、勝利までの道を示してくれます。

基本語彙

勝利【しょうり】①(名・自サ) 胜利

幕【まく】②(名) 幕,帷幕

ともなう【伴う】③(自他五) 伴随着,跟着

哲学者【てつがくしゃ】④(名)哲学家
知者【ちしゃ】①(名)智者
惑う【まどう】②(自五)迷惑,困惑
勇者【ゆうしゃ】①(名)勇士
懼れる【おそれる】③(自他一)畏惧,害怕
論語【ろんご】⓪①(名)论语
迷い【まよい】②(名)迷惑
恐怖【きょうふ】①⓪(名・自サ)恐怖,恐惧
払いのける【はらいのける】⑤(他一)排除,掸掉

1. 「～に向かう」惯用表达,接名词后,意为"朝着……方向""向着……目标"。
   ◇車は東に向かって走っています。/汽车向东行驶。
2. 「幕を開く」惯用语,意为"开幕""开始"。反义词为「幕を閉じる」。
   ◇先週の金曜日に幕を開いた討論会は3日にわたって行われ、今日でいよいよ幕を閉じます。/上周五召开的讨论会历时三天,今天将圆满闭幕。
3. 「道を示す」惯用语,意为"指明道路"。
   ◇これは成功の道を示してくれるいい本だそうです。/据说这是本指明成功道路的好书。

原文翻译

　　开启人生成功之幕的是信念。但是,假如不同时具备相应的知识,就无法企及人生的精彩。※詹姆斯·爱伦(James Allen,1864～1912):英国哲学家。

躓いたときにつかんだ知恵こそ、「涙の先輩」がくれた本物の知恵です。

※松原泰道(まつばらたいどう,1907～2009):龍源寺住職。東京都生まれ。

コメント:涙はあなたの目から流されるのを待っています。なぜなら流してこそ、真の悔しさや挫折感に到達できるからです。そしてそこから這い上がり、必死になって成功するための知恵をつかもうとすることで、幸せへと進んでいけます。少し困ったぐらいでは、知恵は出てきてくれません。

基本語彙

躓く【つまずく】③⓪(自五) 跌倒,失败

知恵【ちえ】②(名) 智慧

龍源寺【りゅうげんじ】③(名) 龙源寺

住職【じゅうしょく】①(名) 住持,方丈

悔しい【くやしい】③(形) 悔恨,遗憾

到達【とうたつ】⓪(自サ・名) 到达,达到

這い上がる【はいあがる】④(自五) 爬上,摆脱

必死【ひっし】⓪(形動・名) 拼命

解説
跟我来ついてこい

1.「こそ」副助词,接体言后,强调某事物,表示"才是""正是"。

◇今年こそ『源氏物語』を終りまで読むぞ。/今年我一定要把《源氏物语》看完。

2.「～てこそ」连语,接动词连用形后,一般后接表示褒义的表达方式,意为"只有……""多亏……"。

◇互いに助け合ってこそ本当の家族といえるのではないでしょうか。/只有相互帮助才能称得上是真正的亲人,你说对不对?

3.「必死になる」惯用语,意为"拼命""拼死"。

◇必死になってがんばったが、後一息(ひといき)のところで負けてしまいました。/尽管拼了,可还是功亏一篑。

4.「～ぐらい」副助词,接体言或活用词连体形后表示较低的程度,有时会带有轻视的语气。

◇いくら忙しくても、電話をかけるぐらいの時間はあるでしょう。/不管有多忙,打个电话的时间还是有的吧?

原文翻译

跌倒后获取的智慧,才是叫做"泪水的前辈"留给我们的真知灼见。※松原泰道(1907～2009):龙源寺方丈。日本东京人。

最善を尽くしても、決して、最善を期待しないこと。最善の結果は成り行き任せです。最善を尽くすことで心が安らかで穏やかになれば、幸福がすでに実現していることになるのです。※作者不詳。

コメント:人間にできるのは「最善を尽くすこと」だけです。「最善の結果が出ること」は神の領域です。この二つを厳密に分けると、余計な失望に悩まされずに済みます。

基本語彙

成り行き【なりゆき】⓪(名) 趋势,过程,结果
任せ【まかせ】⓪③(名) 听任;委托
安らか【やすらか】②(形動) 安定,安乐
穏やか【おだやか】②(形動) 平静;温和
幸福【こうふく】⓪(名・形動) 幸福
すでに【既に】①(副) 已经,早就
領域【りょういき】⓪(名) 领域,范围
厳密【げんみつ】⓪(形動) 严格,严密
分ける【わける】②(他一) 分开

余計【よけい】⓪（形動）多余，无用
失望【しつぼう】⓪（名・自サ）失望
悩む【なやむ】②（自五）烦恼，苦恼
済む【すむ】①（自五）结束，解决

1.「最善を尽くす」惯用语，意为"竭尽全力"。
　　◇今日一日やるべきことに最善を尽くしました。／今天我尽心尽责地把该做的事情做完了。

2.「こと」终助词，表示命令或说话人认为应该这样做的心情。是一种规定纪律或指示应遵守事项的表达方式。类似于「～しなさい」「～してはいけない」。书面语。
　　◇休む時は、必ず学校に連絡すること。／请假时务必和学校取得联系。

3.「～ずに済む」句型，表示"用不着做计划好的事情"或"能够避免预料的事情"，多用于表示避开不良事态。口语为「～ないで済む」。
　　◇今ちゃんとやっておけば、後で後悔せずに済みますよ。／现在好好干，以后就不会后悔了。

原文翻译

要做到尽心尽责但绝不奢望。完美的结果就是顺其自然。以尽力而为来获取内心的踏实，就意味着幸福已经实现。※佚名

成功するにはどうするか？これは極めて簡単なんです。自分の仕事の創意工夫をすること、今日よりは明日、明日よりは明後日というように、三百六十五日続けていくことです。※稲盛和夫。

コメント:人間の頭脳の創造性は無限大です。365日創意工夫しても尽きません。3650日でもまだまだアイディアを出してくれます。一生かかっても使い切ることができません。つまりすでに整えられているのです、成功の条件は。

基本語彙

極めて【きわめて】②(副) 非常,极其
創意工夫【そういくふう】④(名) 别出心裁,独具匠心
無限大【むげんだい】⓪(形動・名) 无穷大,无限大
整える【ととのえる】④(他一) 整理;备齐

原文翻译

　　如何取得成功？这太简单了！就是在自己工作中的别具匠心,就是日复一日、年复一年的坚持不懈。※稻盛和夫。

人から応援されると、それは成功に近づくパワーになります。成功の秘訣は「好かれる人になること」です。誰でも自分一人だけで生きている人はいません。人に支えられ、導かれて生きています。好かれる人になりましょう。※船井幸雄。

コメント:権力者でも一般市民でもあなたを成功に導く力は同じです。その意味では人はみんな平等です。幅広く好かれましょう。特定の権力者にだけ好かれることを考えると失敗します。

基本語彙

パワー【power】①(名) 动力,力量
好く【すく】①⓪(他五) 喜欢;爱慕
支える【ささえる】⓪(他一) 支持,支撑;维持

権力【けんりょく】①(名) 权力
市民【しみん】①(名) 市民
平等【びょうどう】⓪(形動・名) 平等
幅広い【はばひろい】④(形) 广泛
特定【とくてい】⓪(名) 特定

 解説 跟我来ついてこい

「～でも～でも」句型,接体言后,表示并列,意为"都""……也好……也罢"。
◇今の社会には子供でも大人でも年齢に関係なくいじめる人がけっこういるでしょう。/当今社会无论是孩子还是成年人中都有相当一部分人与人为恶,这个与年龄大小无关。

原文翻译

他人的鼎力相助是接近成功的动力。成功的秘笈就是"做一名受欢迎的人"。没有人能够独自一人生存下去,要依靠别人的协助和引导。就让我们成为受欢迎的人吧。※船井幸雄。

14

失敗の言い訳をすれば、その失敗がどんどん目立っていくだけです。※シェークスピア(1564～1616):イギリスの劇作家。
コメント:例えば社長から「8日に東京に出張するから、飛行機のチケットを買っておいて」と言われたとします。しかし間違えて4日のチケットを買ってしまいました。「忙しかったからつい」とか「社長の発音がはっきりしないから聞き間違えた」とか言い訳すると、失敗が失敗のままに終わってしまいます。

基本語彙

目立つ【めだつ】②（自五）显眼，引人注目
チケット【ticket】①②（名）票，券
つい①（副）无意中，不由得，不禁
発音【はつおん】⓪（名・自他サ）发音

解説
跟我来ついてこい

1.「～とする」连语，以名词、形容动词词干＋「だ」＋「とする」、动词、形容词终止形＋「とする」的形式，表示「かりに～と考える」，即"现实如何另当别论，以假定、想象的事情来设定条件"。说话人以假想的东西来设定这种意识性的条件，设定意识较强。

◇例えば50人来るとして、会費は一人いくらぐらいにすればよいでしょうか。/假设来50人，一个人交多少会费好呢？

2.「つい」副词，表示"因控制不住自己而做了不该做或自己本来想坚持不做的事情"。常与「～てしまう」合用。

◇太ると分かっていながら、あまりおいしそうなケーキだったので、つい食べてしまいました。/明知道吃了要发胖，可是这蛋糕看起来很美味，就禁不住吃了。

原文翻译

为失败找借口，结果只能使失败更加醒目。※威廉·莎士比亚（William Shakespeare, 1564～1616）：英国剧作家。

逆境・困難

　何か困難にぶつかったとき、その困難は自分自身を成長させるために与えられたハードルととらえましょう。うまくいかなくてもやったことは、全部将来の自分のプラスになります。※孫正義(そんまさよし,1957～):ソフトバンク社長。佐賀県生まれ。

　コメント:結果はどうであれ、それを次の行動のために役立てましょう。どんなことからもプラスの何かを学び、自分の成長につなげていきましょう。起きたこと全てを自分の財産にしていきましょう。

基本語彙

ぶつかる⓪(自五) 遇到,碰到

与える【あたえる】④⓪(他一) 给予;提供

ハードル【hurdle】⓪(名) 关卡,障碍

プラス【plus】①⓪(名) 有利,有好处

ソフトバンク【Soft Bank】①(名) 软件银行(股份有限公司)

佐賀【さが】⓪(名) 佐贺(县)(位于九州地区西北部)

 解説 跟我来ついてこい

1.「～にぶつかる」惯用表达,意为"碰在……上""撞到……"。既可以用于具体事物,也可以用于抽象表达。根据情况,格助词「に」可换成「と」。

　◇昨日、東京で自動車が電車にぶつかる事故が起こりました。/昨天在东京发生了汽车撞电车的事故。

2.「～を～ととらえる」惯用表达,意为"把……理解为……"。其中格助词「と」表示「として」的含义。

◇失敗を成功を収めるために必要なステップととらえます。/把失败看作是获得成功的必经之路。

3.「(うまく)いく」中「いく」并不表示"去",而是表示"进行""进展",一般不写成汉字。此外「いく」还可表示"着手干"。

◇仕事は考えたほどうまくいきませんでした。/工作不如想象的那样进行得顺利。

4.「プラスになる」惯用语,意为"对……有利""有助于……"。其反义词就是「マイナスになる」。

◇いろんな資格を持っていると、就職(しゅうしょく)にもプラスになるでしょう。/有了各种资格(证书)的话,将有助于找工作。

5.「たとえ～であれ」句型,「であれ」接名词后,表示让步转折,意为"即使……也……"。书面语。口语可用「～でも」。

◇たとえ国王であれ、国民すべてを従わせることができるわけではありません。/即使是国王,也无法做到让所有人都顺从他。

原文翻译

遇到困难的时候,就把它当作锻炼自己成长的关隘吧。所有挫折中的努力,将来都是你的一笔笔财富。※孙正义(1957～):以互联网为业务基础的软银股份有限公司总经理。日本佐贺县人。

いかなるものも変化しつつあります。これは真理です。だからあなたがいまどんな苦境にあろうとも、その状態を保持する努力をしない限り、永久に続くはずはないのです。※ジョセフ・マーフィー。

コメント:生きている限り苦境は避けられません。しかし一定の時間が経

てばそれも過ぎ、記憶から消えていきます。「喉元過ぎれば熱さを忘れる」とはこのことです。辛いときは、「少し未来の自分はこの苦しさから解放されている」と想像してみましょう。

基本語彙

いかなる②(連体) 怎样的,如何的

苦境【くきょう】⓪(名) 困境,窘境

保持【ほじ】①(他サ・名) 保持

永久【えいきゅう】⓪(形動・名) 永久,永远

一定【いってい】⓪(名・自サ) 一定,规定

記憶【きおく】⓪(名・他サ) 记忆,记性

喉元【のどもと】⓪(名) 喉咙,嗓子

辛い【つらい】②(形) 痛苦;难受

解放【かいほう】⓪(他サ・名) 解放,摆脱

想象【そうぞう】⓪(他サ・名) 想象

解説 跟我来ついてこい

1.「～つつある」連語,接动词连用形后,表示某动作、作用朝着某个方向不断变化。书面语。

　　◇電子技術の応用範囲は日に日に広がりつつあります。/电子技术的应用范围逐日扩大。

2.「どんな～(う)とも」句型,「とも」接动词意志形后,意为"不管……都……"。类似表达有「どんな～ても」。

　　◇どんな理由があろうとも、戦争は人を不幸にします。/不管有何种理由,战争总是给人带来不幸。

3.「～ない限り」句型,接用言未然形后,叙述条件的范围,表示在前项条件的限定下后项成立的状态。意为"只要不……就……"。

　　◇あいつが謝ってこない限り、こっちも折れるつもりはありません。

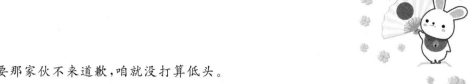

／只要那家伙不来道歉，咱就没打算低头。

4.「～はずは(が)ない」句型，与前面出现的「はずだ」接法相同，但含义正好相反，意为"不会有""不可能"。是对可能性的否定。

　　◇これはあなたの部屋にあったんですよ。あなたが知らないはずはありません。／这个在你的房间里，你不可能不知道。

5.「～限り」句型，接活用词连体形或持续体。意为"只要……就……"。

　　◇この山小屋にいる限りは安全でしょう。／只要呆在这间山中小屋就会平安无事吧。

6.「喉元過ぎれば熱さを忘れる」谚语，意为"好了伤疤忘了痛"。

　　◇先週あれだけ先生に叱られたのにまた宿題を忘れて、喉元過ぎれば熱さを忘れるってやつですね。／那小子上个礼拜还让老师给骂了个体无完肤，这不，又把作业给忘了，真是好了伤疤忘了痛啊。

原文翻译

万物都在不断地发展变化，这是真理。因此，不管当下陷入何种困境，都不可能永远持续，除非你刻意保持这种状态。※约瑟夫·墨菲。

違っていいのです。人と違っていいし、相手も自分と違っていい。そして自分の考え方も大事にする。でも、自分の考え方ややり方ではどうにもならないと思ったら、誰かの考えに耳を貸すことです。そこで、意地になると、全部失ってしまいますから。※伊藤守（いとうまもる，1951～）：株式会社コーチ・トゥエンティワン代表取締役。山形県生まれ。

コメント：あなたの手元に自分が苦労して作った資料があって、いつもそれを元にして仕事していますが、資料に書いていないことが起きたらどうしますか。巨大な倉庫の中には人々の手による膨大な資料が保存されています。意地を張らずに、他人が作った資料を見てみましょう。

基本語彙

意地【いじ】②(名) 固执,倔强
代表取締役【だいひょうとりしまりやく】⓪⑨(名) 董事长
山形【やまがた】②(名) 山形(县)(位于日本东北地区西南部)
手元【てもと】③(名) 手头,身边
苦労【くろう】①(自サ・名) 辛苦;操心
巨大【きょだい】⓪(形動) 巨大
倉庫【そうこ】①(名) 仓库
保存【ほぞん】⓪(他サ・名) 保存
張る【はる】⓪(他自五) 固执,坚持

解説　跟我来ついてこい

1.「どうにもならない」惯用语,意为"毫无办法""无济于事"。
　◇悩んでも悔やんでも、どうにもならないのです。/苦恼也罢,后悔也罢,都无济于事了。

2.「耳を貸す」惯用语,意为"听取意见""参与商议"。
　◇父は家族の意見に耳を貸さず、独断でことを進めました。/父亲不听家人的意见,独断专行。

3.「意地になる」惯用语,意为"固执己见""意气用事"。
　◇仕事が遅いと文句を言ったら、彼は意地になって食事もせずにやり続けました。/埋怨了一句"做事也太慢了",他竟然赌气干个不停,连饭都不吃。

4.「意地を張る」惯用语,意为"固执""矫情"。
　◇変に意地を張らないでさっさとやったらどうですか。/别这么胡闹要态度了,立马干活好不好啊?

原文翻訳

　　允许各持己见。既可以与人不同,也要允许别人和自己相异。同时还要重

视自己的想法。但是，如果感到自己的所想所为都无济于事时，就应该虚心求教，一意孤行必将满盘皆输。※伊藤守(1951～)：Coach 21 企业、个人培训有限公司董事长。日本山形县人。

「大きな」人ほど障害が小さく見え、「小さな」人ほど障害が大きく見えます。※セロン・Q・デュモン(1862～1932)：アメリカの啓蒙家。

コメント：10メートルほどの巨人に変身したと仮定します。路上には、穴や壁があって、普通の人は通行できません。しかし巨人なら、そんな障害などたやすく乗り越えられます。私たちは肉体を巨大化させることはできませんが、心の大きさなら自由自在に変えられます。大きな心で、障害だらけの道を豪快にまたいで行きましょう。きっと気分は爽快です。

基本語彙

メートル【metre】⓪(名) 米，公尺

巨人【きょじん】⓪(名) 巨人

変身【へんしん】⓪(自サ・名) 乔装打扮，化妆

仮定【かてい】⓪(他サ・名) 假定

路上【ろじょう】⓪(名) 路上

穴【あな】②(名) 坑

普通【ふつう】⓪(名・副) 一般，普通

通行【つうこう】⓪(自サ・名) 通行，往来

たやすい③⓪(形) 容易，轻易

乗り越える【のりこえる】④(自一) 跨过；克服

肉体【にくたい】⓪(名) 肉体

自由自在【じゆうじざい】②－⓪(形動) 自由自在

豪快【ごうかい】⓪(形動) 豪爽，豪迈

またぐ②(他五) 跨过,迈过

爽快【そうかい】⓪(形動・名) 爽快,爽朗

解説
跟我来ついてこい

1.「大きな」连体词,反义词是「小さな」,常常用于修饰抽象名词。即使修饰具体名词,与「大きい」「小さい」相比,仍带有一定的感情色彩。

◇私たちは文化や習慣に大きな違いがあります。/我们在文化、习惯方面有很大的差异。

2.「～だらけ」接尾词,接名词后,表示「～がたくさんある」「～でいっぱい」之意,并且对该状态持否定态度。常接在「汗」「泥」「血」「ほこり」「借金」等词的后面,表示整体处于某种状态或情况之下。意为"净""全"。

◇交通事故で怪我をして、血だらけになってしまいました。/交通事故中受伤了,浑身上下全是血。

原文翻译

拥吐纳万物之量,阻碍自显渺小;抱锱铢必较之心,阻碍必显巨大。※希伦・杜蒙(Theron Q. Dumont,1862～1932):美国启蒙思想家。

あなたが周りの人からの批判を受け入れさえしなければ、あなたは決して批判されることはありません。もし、あなたが人々の批判を受け入れたとしたら、それは、あなたにはそのような体験が必要なために、自分でそうしているのです。※ラムサ(出生不明)古代聖者。伝説のムー大陸の人。

コメント:この言葉の重点は「他者」ではなく、「自分」に置かれています。他者がいくらあなたを辛辣に批判しても、それが的外れと思うなら、無視しても構いません。しかし本質を突いた批判なら、それを聞き入れましょう。心は傷つくでしょうが、その代わり自分を軌道修正することができます。

基本語彙

周り【まわり】⓪(名) 周围

受け入れる【うけいれる】④⓪(他一) 接受,采纳

聖者【せいじゃ】①(名) 圣人

重点【じゅうてん】③⓪(名) 重点

他者【たしゃ】①(名) 他人,别人

置く【おく】⓪(自他五)(用被动态「置かれる」) 在于,处于

辛辣【しんらつ】⓪(形動・名) 尖(酸)刻(薄),辛辣

的外れ【まとはずれ】③(名・形動) 离题

無視【むし】①(他サ・名) 无视

本質【ほんしつ】⓪(名) 本质,实质

突く【つく】①②⓪(他五) 击中,抓住

聞き入れる【ききいれる】④(他一) 采纳,听从

傷つく【きずつく】③(自五) 受伤

軌道【きどう】⓪(名) 路线,方针

1.「さえ～たら/ば」句型,其中「さえ」为副助词,在句中的位置灵活。「たら」「ば」表示条件。该句型表示某事能实现就足够了,意为"只要……就……"。

◇あなたさえそばにいてくだされば、ほかには何も要りません。/只要有你在我身边,别的我都不需要。

2.「その代わり」连语,表示对等交换或对应关系。意为"另一方面""可是",有时无需译出。

◇この本は貸せないが、その代わりに別の本を貸してあげましょう。/虽然这本书不能借,咱换换,借给你另外一本吧。

原文翻译

只要你拒绝周围人的批评，对你绝对就构成不了批评。如果你接受了，那必定是你主动而为之，因为你需要这样的体会。※拉穆沙（Ramsa，生年不详）古代圣人。传说中的穆大陆人。

壁にぶつかっている時は、すごく長いんです、遠いんです。ただ、そこで時間がかかるか、かからないかだけの話です。でも、過ぎてみたら一時なんです。※綾小路きみまろ（あやのこうじきみまろ，1950～）：漫談師。鹿児島県生まれ。

コメント：目標や夢があるのに立ちはだかる壁のせいで前に進めないときがあります。壁はいつか乗り越えられるかも知れませんが、このままずっと停滞している可能性もあります。その不安が時間を長く感じさせます。しかし壁を越えたとき、待っていた時間は喜びの中に一瞬で消えていきます。

基本語彙

一時【いっとき】④（名）一时，一会儿

漫談【まんだん】⓪（名）单口相声

立ちはだかる【たちはだかる】⑤⓪（自五）阻挡，堵住

不安【ふあん】⓪（名・形動）不安

解説 跟我来ついてこい

1.「時間がかかる」慣用語，意为"花费时间"。类似的说法有「時間をかける」，但要注意自他动词的区别。

◇その仕事は思ったより時間がかかりました。／这项工作花费的时间比预计的长。

2.「～せいで」句型,其中「せい」为形式体言,接用言连体形或名词＋「の」后。常用于表示不好或不利的原因、理由。

◇コーヒーのせいで眠れませんでした。/都怪这咖啡,害得我怎么都睡不着。

3.「壁を越える」惯用语,意为"克服障碍""战胜困难"。

◇今度はあなたに仕事上の壁を越えていただきたいと考えています。/我想这次由您来解决工作上的难关。

原文翻译

碰壁时总会感觉前途渺茫。其实,这只是时间问题。一旦越过,回头看,就只是一眨眼的工夫。※绫小路 kimimaro(1950～):单口相声演员。日本鹿儿岛县人。

恐怖心をなくしたいなら、あなたが一番恐れていることをしなさい。そうすれば恐怖心は消えてなくなりますよ。※ラルフ・ワルド・エマーソン(1803～1882):アメリカの思想家。

コメント:心理療法で「恐怖突入」という技法があります。怖い怖いと思っていることを実際にやってみて、実際は怖くないという事実を知り、恐怖心を消すのです。恐怖に震える人はセラピストと患者が同居した存在です。意識の重点をセラピストにおいて、患者を恐怖の場面まで連れていきましょう。

基本語彙

なくす【無くす】⓪(他五) 消除

なくなる【無くなる】⓪(自五) 消失

療法【りょうほう】⓪(名) 疗法

突入【とつにゅう】⓪(名・自サ) 冲入,闯进

技法【ぎほう】⓪（名）技术，技巧
怖い【こわい】②（形）可怕，吓人
震える【ふるえる】⓪（自一）（因害怕、寒冷等而）发抖，哆嗦
患者【かんじゃ】⓪（名）患者，病人
同居【どうきょ】⓪（自サ・名）同住，住在一起
意識【いしき】①（名）认识，觉悟
連れる【つれる】⓪（他一）带，领

 解説
跟我来ついてこい

1.「怖い怖い」叠词，起强调的作用。

　　◇長い長い列車が広い広い野原を走っています。/一列长长的列车奔驰在一望无际的原野上。

2.「～に震える」惯用表达，意为"因……抖动""因为……害怕"。格助词「に」表示原因。

　　◇木の葉が風に震えています。/树叶随风而动。

3.「～において」连语，接体言，表示"关于某方面"或"在某一领域"，后项多为评价或与其他比较的表现。除此之外，还可以接表示场所、时间、状态的名词表示某事发生或某状态存在的背景，多用于正式场合。

　　◇卒業式は講堂において行われました。/在礼堂举行了毕业典礼。

 原文翻译

　　要消除恐惧感，就去做你最怵的事情，这样它就会消失殆尽咯。※拉尔夫·沃尔多·爱默生（Ralph Waldo Emerson，1803～1882）：美国思想家。

不安ですよ。いろんな人種、宗教があって、体の大きい人も多い。でも今まで経験したことのないことを毎日経験できる。これは最大の楽しみです。

※桑田真澄(くわたますみ,1968～):プロ野球選手。大阪府生まれ。

コメント:周囲の環境が自分と何もかも違うと不安になります。しかしその非日常性は、必ず新しい経験をもたらしてくれるでしょう。それを楽しみとできるなら最高です。

逆境・困難

基本語彙

いろんな【色んな】⓪(連体) 各种各样

人種【じんしゅ】⓪(名) 人种,种族

宗教【しゅうきょう】①(名) 宗教

周囲【しゅうい】①(名) 周围

何もかも【なにもかも】①−①、④(連語) 一切,全部

解説
跟我来ついてこい

1.「何もかも」连语,相当于副词的用法,用于修饰事物,表示"所有""全部"。用于人时一般说「だれもかれも」,用于场所时说「どこもかも/どこもかしこも」。

◇何もかもうまくいっています。/一切进行得很顺利。

2.「～を楽しみとする」惯用表达,意为"以……为乐""把……作为乐趣"。

◇父は釣りを楽しみとしています。/父亲以钓鱼为乐。

原文翻译

当然会忐忑不安啰。有不同的人种和宗教,还有彪形大汉。但每天能够尝试从未有过的体验,这是我最大的乐趣。※桑田真澄(1968～):职业棒球手。日本大阪人。

どうして、自分を責めるんですか。他人がちゃんと必要なときに責めてく

れるんだから、いいじゃないですか。※アインシュタイン（1879～1955）：ドイツの物理学者。

　コメント：自分に厳しくする人は立派です。しかし誰もがそう強いわけではありません。弱い人は弱い人なりに、自分の心と折り合っていくべきです。

基本語彙

責める【せめる】②（他一）责备
厳しい【きびしい】③（形）严厉，严格
立派【りっぱ】⓪（形動）优秀，了不起
折り合う【おりあう】③⓪（自五）和睦相处，妥协

解説
跟我来ついてこい

1.「～じゃないですか」句型，以否定加疑问的形式向听话人确认，以谋求同感。意为"这不很好吗""难道不是这样吗"。
　◇どこの職場にもよくいるんじゃないですか。ああいう男が。／那种男人哪个公司里不都多得是吗？

2.「～に厳しくする」惯用表达，接体言后，意为"对……严格要求"。
　◇学生にきびしくする先生こそ尊敬されるのです。／对学生严格要求的老师才值得尊敬。

3.「～なりに」连语，接体言后，表示"与其相应的状态"。用于在承认某事物有限度或有缺欠的基础上对其进行某种正面评价。
　◇私なりに努力はしてみましたが、力が及びませんでした。／我尽自己的努力了，但是能力有限。

原文翻译

何苦跟自己找别扭？别人会在必要的时候跟你找别扭，这不就足够了？
※阿尔伯特·爱因斯坦（Albert Einstein,1879～1955）：德国物理学家。

「お前、なんにも知らないなぁ」と言われても「おっしゃるとおりです」でオシマイ。見栄を張るから疲れるのです。※鮒谷周史（ふなたにしゅうじ,生年不明）セカンドステージ代表取締役。大阪府生まれ。

コメント：知らないことは恥ずかしいことです。だから人は知っている振りをしたり、または知らなかったことの言い訳をします。これが見栄です。しかし、どんな学者でも初めは知らないのであって、読書や研究を通して知るに過ぎません。人は「なんにも知らないな」と言われると同時に、「これから知る」という可能性も与えられるのです。大切なのは現在の見栄より少し先の「知ること」です。

基本語彙

お前【おまえ】⓪（代）你（俗称）

おっしゃる【仰る・仰有る】③（他五）说（「いう」的尊敬语）

オシマイ【御仕舞】⓪（名）结束；无法挽救

見栄【みえ】②（名）虚荣，门面；外表

セカンドステージ【Second Stage】⑤（名）第二舞台；第二级（文中为公司名）

振り【ふり】⓪（名）假装；样子

読書【どくしょ】①（名・自サ）读书

解説
跟我来ついてこい

1.「〜通り」名词，接「言う」「思う」等表示发话、思考的动词连体形以及部分

助动词后，还可以直接接「この」「その」「あの」等连体词后，接名词时的形式为名词＋「の」＋「通り」或名词＋「どおり（通り）」，表示与之相同，即"正如""按照"。

　　◇先生の奥さんは私が想像していた通りのきれいな方でした。/老师的夫人正如我想象的那样，是个美女。

2.「見栄を張る」惯用语，意为"追求虚荣""虚饰外表""装门面"。

　　◇金もないのに見栄を張って、高い料理をごちそうしました。/明明没钱却讲排场，大宴宾客。

3.「～振り」惯用表达，一般写作假名「ふり」，接动词连体形、部分助动词后，表示"假装""装作"。

　　◇分からないのに分かったふりをしてはなりません。/不要不懂装懂。

4.「～と同時に」句型，一般接动词、形容词终止形、名词或形容动词词干＋「である」后，表示两件事同时成立。在前后内容上，可出现累加、对比等关系。

　　◇この手術はかなりの危険を伴うと同時に費用もかかるそうです。

　　/听说这个手术风险较大，同时费用也很高。

原文翻译

　　即使别人说"你小子一无所知嘛"，你也可以用一句话"没错，诚如您所言"而一答了之。爱面子是要付出代价的。※鮒谷周史（生年不详）投资有限公司Second Stage董事长。日本大阪人。

　　きれいな水の中では、蓮の花は咲かないんです。人間も、何もかも調子よくとんとん拍子にいきますと、大成しないんですね。逆境に遭って初めて花が咲き、実が実っていくのです。※松原泰道。

　　コメント：逆境や困難も程度が問題であって、死んでしまっては元も子もありません。命があるからこそ逆境も有意義となります。

基本語彙

蓮【はす】⓪（名）莲，荷
調子【ちょうし】③（名）情况；腔调；音调
とんとん拍子【とんとんびょうし】⓪（名）一帆风顺，顺当
大成【たいせい】⓪（自他サ・名）大成就；（集）大成
逆境【ぎゃっきょう】⓪（名）逆境
遭う【あう】①（自五）遭遇，碰上
実【み】⓪（名）果实
実る【みのる】②（自五）（果实）成熟；有成果
程度【ていど】①（名）程度

解説 跟我来ついてこい

1.「元も子もない」惯用语，原意为"没有本金和利息"。引申为"一无所得""鸡飞蛋打"。

　◇無理をして体を壊したら、元も子もありませんよ。／硬撑着搞坏身体的话可就一无所得了。

2.「～からこそ」句型，接动词、形容词终止形，名词、形容动词词干＋「だからこそ」后，用于特别强调原因、理由。多与「のだ」一起使用。表示"不是因为别的，正是因此"的主观心情。很少用于表达客观的因果关系。

　◇努力したからこそ成功したんです。／正因为努力才取得了成功。

　◇今、東京は朝の9時だからこそ、ロンドンは夜中の12時です。（×）

原文翻译

　　莲花不在清水中开放。人亦如此，如若诸事一帆风顺则成不了大器。只有遭遇逆境方能开花结果。※松原泰道。

すべて「ラク」を基準に選択をすると、苦痛を乗り越えたときの喜び、充足感といった「快感」も一緒に放棄することになります。※鈴木秀子(すずきひでこ,1932〜):聖心女子大学教授(出身地不明)。

コメント:「楽」な状態は、その時間に心地よさを感じるだけです。しかも、ずっと「楽」が続いたら、それに慣れてしまって、心地よさもなくなるでしょう。一方の「大変」な状態は、それが終わった後に快感を感じます。それは「大変→大変ではない」という状態の変化を伴うので、常に快感をもたらします。儚い心地よさと、込み上げるような快感。あなたはどちらを選びますか。

基本語彙

ラク【楽】②(名・形動) 轻松,舒适

基準【きじゅん】⓪(名) 基准

選択【せんたく】⓪(名・他サ) 選択

充足【じゅうそく】⓪(名・自他サ) 充足,充裕

快感【かいかん】⓪(名) 快感

放棄【ほうき】①(他サ・名) 放弃

しかも②(接) 而且;但,却

心地よさ【ここちよさ】④(名) 愉快,畅快;舒适

常に【つねに】①(副) 经常,不断;总

儚い【はかない】②③(形) 虚幻;无常

込み上げる【こみあげる】④⑤⓪(自一) 油然而生;往上涌

原文翻译

　　如果一切都依据"安逸"进行抉择的话,那就等于将战胜痛苦时的喜悦和被称作充实的"满足感"统统抛入九霄云外。※铃木秀子(1932～):日本圣心女子大学教授(出生地不详)。

思考・考え方

　先入観をもってみるほうが簡単だし、楽だし、しかも効率がいいんです。でも、先入観をもたないということは、一番大切なことだと思っています。

※羽生善治（はぶよしはる，1970～）：将棋棋士。埼玉県生まれ。

　コメント：「これは知ってる」などと先入観で物事を決めてかかると、独創的な表現がしにくくなります。白紙の心で物事を見た上で、自分の考えや思いをのびのびと表現してみましょう。

基本語彙

先入観【せんにゅうかん】③（名）先入之见，成见

効率【こうりつ】⓪（名）效率

将棋【しょうぎ】⓪（名）（日本）象棋

棋士【きし】①②（名）职业棋手

かかる【かかる】②（自五）着手，从事

独創的【どくそうてき】⓪（形動）独创性的

白紙【はくし】⓪（名）事前不带成见；白纸；原状

のびのび【伸び伸び】③（副）自由自在（地），悠然自得（地）

解説
跟我来ついてこい

1.「～をもって」连语，接体言后，常和某些抽象名词一起使用，意为"具有……"；也可用于会议等正式场合的发言，意为"以此……""根据……"。

◇これは自信をもってお勧めできる商品です。／这是我们很有信心向

您推荐的商品。

◇これをもって、あいさつとさせていただきます。/谨此致意。

2.「～ということ」句型，接常体句后，可以表示内容或解释某事物。此处意为"内容"。

◇交通規則を守らない人がかなりいるということは大きな問題です。/不遵守交通规则的大有人在，这是个大问题。

3.「知ってる」是「知っている」中的「い」脱落而形成的，多用于非正式场合的口语。日语中将此现象叫作「『イ抜き』言葉」。

◇兄はパソコンのことなら何でも知ってます。/只要是电脑方面的事情，哥哥什么都知道。

原文翻译

先入为主看问题既省力又简单，且效率也高。但是，我认为摒弃这一点恰恰是最重要的。※羽生善治（1970～）：日本象棋职业棋手。日本埼玉县人。

腹を立てたり、クヨクヨしたりしていると、物事のとらえ方がプラス発想型にはなりません。また、他人を妬んだり、羨ましんでいても、愉しく生きられないようです。※船井幸雄。

コメント：人生が愉しいか否かは、遭遇した事実よりも、「その現実をどう捉えたか」にかかっているようです。明るく肯定的な視線を自分に起こる出来事に向けてみましょう。新しい発見が得られるはずです。

基本語彙

腹【はら】②（名）腹，肚子

クヨクヨ①（副）想不开，闷闷不乐

発想【はっそう】⓪（名）构思，主意

妬む【ねたむ】②(他五) 嫉妒

羨ましむ【うらやましむ】⑤(他五) 羡慕

遭遇【そうぐう】⓪(自サ・名) 遭遇,遇到

現実【げんじつ】⓪(名) 现实;实际

明るい【あかるい】⓪③(形) 明亮;明朗

肯定【こうてい】⓪(名・他サ) 肯定

視線【しせん】⓪(名) 视线

発見【はっけん】⓪(名・他サ) 发现

解説 跟我来ついてこい

1.「腹を立てる」惯用语,意为"生气""发怒"。类似的说法还有「腹が立つ」,含义基本相同。

　　◇あんないい加減な対応をされれば、誰でも腹を立てますよ。/就那么随便应付了事,换谁都会气不打一处来呀。

2.「羨ましむ」源自形容词「羨ましい」的动词,为形容词动词化,意为"羡慕",与形容词表示临场感相比,动词形式更注重表示状态的保持。

　　◇この本を読むと、お医者さんは羨しむ(羨む)対象ではなく、応援しなくてはいけない対象であるとつくづく思いました。/读了这本书,我深感医生并非令人羡慕的对象,而是需要帮助的人。

3.「～か否か」连语,接常体句,意为"是否……",口语为「～かどうか」。书面语。

　　◇「母の日」のプレゼント、贈るか否かが議論の焦点になっています。/"母亲节"是否要赠送礼物成为讨论的焦点。

原文翻译

　　生气、苦恼都不利于积极乐观地看问题。嫉妒、羡慕也不能让你活得快乐。※船井幸雄。

　類は友を呼ぶように、あなたが考えたり信じたりすることすべてを、潜在意識がその通りに実現してゆきます。※ブライアン・アダムス(1959〜):カナダのミュージシャン。

　コメント:潜在意識には途方もない力が秘められています。自分の生き方も、自分に起こる出来事も、すべては意識の中の設計図が元になっているのです。もしもいまの自分に不満足なら、心を落ち着けて、自分の考え方や信念を見つめ直してみてください。

基本語彙

類【るい】①(名) 同类

潜在【せんざい】⓪(名・自サ) 潜在

ミュージシャン【musician】①③(名) 音乐家,演奏家

途方もない【とほうもない】(慣) 异乎寻常,毫无道理

不満足【ふまんぞく】②(形動・名) 不满意,不满足

落ち着ける【おちつける】⓪(他一) (使心神)平静下来

見つめる【みつめる】⓪(他一) 凝视,注视

解説
跟我来ついてこい

1.「類は友を呼ぶ」谚语,意为"物以类聚,人以群分"之意。

　　◇A:あの二人は、性格が全く一緒です。

　　　B:だって、類は友を呼ぶって言いますからね。

　　／A:那两人性格一模一样。

　　　B:可不,物以类聚,人以群分嘛!

2.「途方もない」惯用语,意为"毫无道理""无与伦比"。

　　◇彼は途方もないことを言う人です。／他是个净讲歪理的人。

原文翻译

"物以类聚",你的潜意识会让你的所想所信成为现实。※布莱恩・亚当斯(Bryan Adams,1959~):加拿大音乐家。

心配しているとき、あなたは何をしていると思いますか。そうなっては困ることに一生懸命になっているのです。※ジョセフ・マーフィー。

コメント:自分をマイナス方向に追い込まないように気をつけましょう。困ったときにはじっと悩まずに、今できることを行動に移していきましょう。その行動に一生懸命になって、悩みに意識が行かないようにすればいいのです。

基本語彙

一生懸命【いっしょうけんめい】⑤(形動・副) 拼命地

マイナス【minus】⓪(名) 不利,不好

追い込む【おいこむ】③(他五) 使陷入

 解説
跟我来ついてこい

1.「～に一生懸命になる」惯用表达,意为"专注于……""热衷于……"。类似的用法有「～に夢中になる」。

◇遊ぶことに一生懸命になって、レポートのことをすっかり忘れてしまいました。/沉溺于玩乐,把写报告的事情忘得一干二净。

2.「～ように気をつける」惯用表达,其中「ように」源于比况助动词「ようだ」,表示"劝告"。「気をつける」为惯用语,意为"注意"。

◇これからは遅刻しないように気をつけてください。/请注意今后不要迟到。

原文翻译

焦虑不安时,你知道自己在做什么吗?你在竭尽全力做跟自己过不去的事儿。※约瑟夫·墨菲。

「負けました」といって頭を下げるのが正しい投了の仕方。つらい瞬間です。でも「負けました」とはっきり言える人はプロでも強くなる。これをいい加減にしている人は上にいけません。※谷川浩司(たにがわこうじ,1962~):将棋棋士。兵庫県生まれ。

コメント:勝負に勝者が出れば敗者も出ます。負けを潔く認めるということは、現時点での自分の強さの限界を認めたということです。この認識に悔しさが加わって、強くなろうとする努力が始まります。下らないプライドを守って、負けを認めなければ、上にいけないのは当然です。

基本語彙

投了【とうりょう】⓪(名·自サ)(围棋、象棋)认输而终局

いい加減【いいかげん】⓪(名·形動)敷衍,塞责

兵庫【ひょうご】①(名)兵库(县)(位于日本近畿地区西部)

勝者【しょうしゃ】①(名)胜者

敗者【はいしゃ】①(名)败者

現時点【げんじてん】①(名)目前,现在

認識【にんしき】⓪(名·他サ)认识,理解

加わる【くわわる】⓪③(自五)添加,加上

下らない【くだらない】⓪(形)没意义(的)、无价值(的)

解説 跟我来ついてこい

1.「頭を下げる」慣用語,表示"鞠躬""低头认错""钦佩"等意。在本文中意为"认错"。
　　◇なに突っ立っているのよ。早くみなさんに頭を下げなさい。/还愣着干嘛？快向大家认错！
2.「～をいい加減にする」慣用表达,意为"马虎""搪塞""不负责任"。
　　◇僕は物事をいい加減にする人が嫌いです。/我讨厌做事情不负责任的人。
3.「上にいく」慣用語,意为"更上一层楼""进步"。
　　◇努力さえすれば、きっと上にいけると思います。/我认为只要努力,就一定会进步。

低头认输是正确的比赛规则。那一刻很难堪。然而,能对失败直言不讳的人,即便原本是高手也会更上一层楼。无视这一点的人只能固步自封。※谷川浩司(1962～):日本象棋职业棋手。日本兵库县人。

6

「好きになる」という感情は、人間にとってとても大切なものです。自分自身を、そして周りにいる人たちを、また日常行っている仕事を好きになることで、生きることがより楽しく、より充実し、より豊かなものになっていきます。※植西聰(うえにしあきら,1947～):心理カウンセラー。東京都生まれ。

コメント:「好きになる」というのは、いわば心に窓口を作ることです。S.H.E専用の窓口があれば、そこからS.H.Eに関する情報が流れてくるし、ま

た歌を聞いたりダンスを見たりもできます。「嫌い」というのは、窓がなくて暗く閉ざされた状態です。職場の上司は選べないし、不況下では仕事も選べません。ならば心に無理にでも窓口を設置してみましょう。それは大変な作業ですが、閉ざした状態が続くより遙かに楽です。

基本語彙

行う【おこなう】⓪（他五）做，进行

いわば【言わば】②①⓪（副）可以说

窓口【まどぐち】②（名）窗口

専用【せんよう】⓪（名・他サ）专用

情報【じょうほう】⓪（名）消息，情报

ダンス【dance】①（名）跳舞

閉ざす【とざす】②⓪（他五）封，封闭

職場【しょくば】⓪③（名）工作单位

不況【ふきょう】⓪（名）不景气，萧条

ならば①（接）那么，如果可能的话

設置【せっち】⓪①（他サ・名）设置

作業【さぎょう】①（名・自サ）工作,作业

解説
跟我来ついてこい

1.「いわば」副词,用于对前面提过的内容进行补充说明,意为"可以说""就好比是"。

　　◇あの社長は何も決められません。いわば飾り物ですよ。/那个总经理什么也决定不了,可以说是个摆设。

2.「ならば」接续词,承接上文,表示假设的语气。有时省略为「なら」。

　　◇もう必要ではないのですか。ならば返してください。/已经不需要了吗？那样的话就还给我吧。

原文翻译

"喜欢上什么"这种情感对于每个人都至关重要。爱自己、爱身边的人以及爱日常从事的工作,这会使我们活得更加开心、更加充实、更加丰富多彩。※植西聪(1947～):心理咨询师。日本东京人。

なすべきことをなす勇気と、人の声に私心なく耳を傾ける謙虚さがあれば、知恵はこんこんと湧き出てくるものです。※松下幸之助(まつしたこうのすけ,1894～1989):松下電器産業創業者。和歌山県生まれ。

コメント:勇気があれば危険な森の中でもどんどん先に進めます。しかし勇気だけでは問題を解決できないことがあります。そのとき人からの助言、アドバイス、批判は有用な方位磁石となるでしょう。

基本語彙

なす①(他五) 为,做
私心【ししん】⓪(名) 个人意见;私心
傾ける【かたむける】④(他一) 倾注,尽力;使……倾斜
こんこん⓪(副) 滚滚
湧き出る【わきでる】③(自一) 涌出,突然产生
助言【じょげん】⓪(名・自サ) 建议
アドバイス【advice】③①(名・他サ) 忠告
有用【ゆうよう】⓪(形動・名) 有用
方位磁石【ほういじしゃく】⓪-①(名) 罗盘仪,指南针

跟我来ついてこい

1.「耳を傾ける」慣用語,意为"倾听""用心听"。

◇学長(がくちょう)は学生の抗議(こうぎ)に耳を傾け、早急(さっきゅう)に解決することを約束しました。/校长倾听学生的反对意见,并承诺尽快解决。

2.「こんこん(と)」副词。作为拟声词时表示"咳嗽声发出的咳咳声""敲打时发出的砰砰声";作为拟态词时表示"雪下得密集的样子""河水等滚滚流淌的样子"。本文是拟态词的用法。

◇泉がこんこんと湧き出ています。/泉水滚滚冒出。

原文翻译

拥有该出手时就出手的魄力和不拘成见倾听别人意见的胸怀,智慧的源泉就会喷涌不止。※松下幸之助(1894~1989):松下电器创始人。日本和歌山县人。

忍耐の仕方を学びなさい。結果について不安になったとき、自制心を働かせなさい。忍耐力がないと、不安と恐れが生まれ、落胆と失敗が続きます。忍耐力は自信、決断力、理性的な視野を創造し、それが最終的な成功に繋がるのです。※ブライアン・アダムス。

コメント:「堅忍不抜」の精神は成功に必須です。心は生き物で、常に刺激を受けて揺れ動きます。それをしっかり固定するのが忍耐力です。

基本語彙

忍耐【にんたい】①(名・他サ) 忍耐

自制【じせい】⓪(名・他サ) 自制

働く【はたらく】⓪(自五) 生效,起作用

落胆【らくたん】⓪(名・自サ) 灰心,沮丧

決断【けつだん】⓪(名・自他サ) 決断

理性的【りせいてき】⓪(形動) 理性的,理智的

視野【しや】①（名）視野；眼光，思路
最終【さいしゅう】⓪（名）最终，最后
堅忍不抜【けんにんふばつ】⓪（名・形動）坚韧不拔
必須【ひっす・ひっしゅ】⓪（名）必须，必备，必要
生き物【いきもの】③②（名）有生命的东西；生物
刺激【しげき】⓪（名・他サ）刺激
揺れ動く【ゆれうごく】④（自五）摇摆不定，不断变化
固定【こてい】⓪（自他サ・名）固定

解説
跟我来ついてこい

「刺激を受ける」惯用语，意为"受到刺激"。

◇みんなはあの激情にかられた演説に強い刺激を受けました。／那充满激情的演讲给我们大家以强烈的震撼。

原文翻译

要学会忍耐。对结果感到不安时要注意自控。失去忍耐就会产生不安和恐惧，沮丧和失败也接踵而至。忍耐能够创造自信、果断和理性的视野，它与最终的成功是联系在一起的。※布莱恩・亚当斯。

シェークスピアを研究してもシェークスピアにはなれないのです。シェークスピアになるためには、シェークスピアたる思考を身につけなくてはなりません。※ラルフ・ワルド・エマーソン。

コメント：この世には多くの優れた文学者や思想家、政治家、起業家がいます。しかし彼らの真似をしても同じ成功はできません。一歩踏み込んで、彼らの数々の作品や発言や業績の根元にあるものを摑み取ることが重要とな

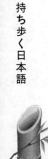

るのです。

基本語彙

優れる【すぐれる】③（自一）优秀,杰出
政治家【せいじか】⓪（名）政治家
起業家【きぎょうか】⓪（名）创业者
真似【まね】⓪（名・自他サ）模仿,效仿
踏み込む【ふみこむ】③（自五）跨出,迈进
発言【はつげん】⓪（名・自サ）发言
業績【ぎょうせき】⓪（名）成就
根元【ねもと】③（名）根本
摑み取る【つかみとる】④（他五）到手；抓取

解説
跟我来ついてこい

「たる」文语,断定助动词「たり」的连体形,表示具备"某种资格"或"身份"。多用于文章、演讲或正规的会话场合。

◇国家の指導者たるものは緊急の際に素早い判断ができなければなりません。/作为国家领导人,必须能够在危急时刻迅速做出判断。

原文翻译

研究莎士比亚的人成不了莎士比亚；想要成为莎士比亚,就必须掌握沙翁式的思维。※拉尔夫・沃尔多・爱默生。

10

ひとつの事をとことん突き詰める。そうすると、きっと見えてくるものがあります。環境は人間を創りません。私たちの環境は、私たち自身のことを外側に漏らすのみです。※ジェームズ・アレン。

コメント:本当の原因は環境なのか、自分自身の考え方なのかを考えてみましょう。環境が原因だとすれば、環境が変化する度に一喜一憂することになります。全てが自分の考え方次第だと思えるようになれば、環境は気にならなくなります。

基本語彙

とことん③(副・名)(干到)最后,到底

突き詰める【つきつめる】④(他一)穷根究底;冥思苦想

外側【そとがわ】⓪(名)外面

漏らす【もらす】②(他五)漏出;透露,泄露

度【たび】②(名)每次(都)……

一喜一憂【いっきいちゆう】①(自サ・名)一喜一忧

解説
跟我来ついてこい

1.「のみ」副助词,接名词、动词连体形后,表示限定,意为"只""仅仅"。书面语,口语常用「だけ」表示。

　◇経験のみに頼っていては成功しません。/只靠经验不会成功。

2.「～度に」句型,常写作「～たびに」,接连体词、活用词连体形,名词＋「の」后。该句型表示"(每次)一……就……",其中「に」为格助词,表示行为、作用进行的时点。

　◇あの二人は会うたびに議論します。/那两人到一块儿就斗嘴。

3.「気になる」惯用语,表示"放心不下""感到烦躁"等意。

　◇試験の結果が分からないうちはどうも気になって落ち着きません。/考试结果没揭晓期间,总是挂心着结果,坐立不安。

原文翻译

对一件事穷根究底，自然就会有新的发现。不是环境创造自身，而是自身创造环境。※詹姆斯·爱伦。

言葉の側面から感情をコントロールする最大のポイントは、否定的言辞に耳を貸すな、ということです。※ジョセフ・マーフィー。

コメント：無理、できない、不幸が続く、失敗する…否定的言葉辞典は誰もが心の中に持っていて、ふとした弾みで自動的に読み上げられます。そんなときは肯定的言葉辞典を開き大声で読み上げるのに限ります。

基本語彙

側面【そくめん】③⓪（名）一面，方面

ポイント【point】⓪（名）要点，中心

否定【ひてい】⓪（名・他サ）否定，消极

言辞【げんじ】①（名）言辞，言论

ふとした②①④（連体）偶然的，突然的

弾み【はずみ】⓪（名）（偶然的）机会，刹那

読み上げる【よみあげる】④⓪（他一）高声朗读

大声【おおごえ】③（名）大声，高声

 解説

跟我来ついてこい

1.「な」终助词，表示禁止，语气较为强烈。意为"不许""不要"等。

　　◇テレビの音を大きくするな。みんな休んでいるから。／大家都在休息，别把电视机的声音调大了。

2.「～は～に限る」句型，用名词＋「は」＋名词、动词连体形＋「に限る」或名

词+「は」+形容词或形容动词连体形+「の」+「に限る」的句式,意为"顶好""最好"。

◇刺身は新鮮なものに限ります。/生鱼片以新鲜的最好吃。

◇飾りはきれいなのに限ります。/装饰以漂亮的为好。

原文翻译

从语言层面来控制情感的关键是拒听消极言辞。※约瑟夫·墨菲。

発明は恋愛と同じです。苦しいと思えば苦しい。楽しいと思えばこれほど楽しいことはありません。※本田宗一郎(ほんだそういちろう,1906～1991):本田技研創業者。静岡県生まれ。

コメント:かつてなかったものを新しく創造するのが発明です。その過程は試行錯誤の連続ですが、恋人の心を理解するプロセスと考えれば、楽しくもなります。

基本語彙

恋愛【れんあい】⓪(名・自サ) 恋爱

本田技研【ほんだぎけん】④(名) 本田技研(工业有限公司)

静岡【しずおか】②(名) 静冈(县)(位于日本中部地区东南部的太平洋一侧)

試行錯誤【しこうさくご】④(名・他サ) 反复试验,不断摸索

連続【れんぞく】⓪(名・自他サ) 连续

恋人【こいびと】⓪(名) 恋人,情人

プロセス【process】②(名) 过程

「～ほど～ない」句型,其中「ほど」表示最高程度,接在名词或活用词连体形

后。意思为"没有比……更……""……最……"。

◇試験ほどいやなものはありません。/没有比考试更烦人的了。

原文翻译

发明如同恋爱。你说它苦它就苦，你说它乐它就乐，乐此不疲，不亦乐乎。

※本田宗一郎（1906～1991）：本田技研创始人。日本静冈县人。

物事をとことんまで突き詰めていくと、勘の当たりが良くなるような気がします。※小柴昌俊（こしばまさとし，1926～）：ノーベル物理学賞受賞者。愛知県生まれ。

コメント：一つの対象に全意識を投入していくと、自分がその対象と一体化したように感じられます。すると対象の深奥に隠されている意味が直感的に分かります。ただし、そのレベルに達するには、長い年月の絶え間ない集中が必要になるでしょう。

基本語彙

勘【かん】⓪（名）直觉，第六感

当たり【あたり】⓪（名）猜中，命中

投入【とうにゅう】⓪（他サ・名）投入

一体化【いったいか】⓪（自他サ・名）一体化

深奥【しんおう】⓪（名・形動）深处；深奥

直感【ちょっかん】⓪（名・他サ）直觉

隠す【かくす】②（他五）隐藏

ただし【但し】①（接）但，但是

達する【たっする】⓪③（自他サ）达到

年月【ねんげつ】①（名）岁月

絶え間ない【たえまない】④（形）不断的，不停的

集中【しゅうちゅう】⓪（名・自他サ）集中

解説
跟我来ついてこい

1.「勘の当たりが良い」慣用語，来自「勘が当たる」，意为"悟性高""理解力强"。类似的说法有「勘がいい」。

　　◇長年警察の仕事をしては、勘の当たりがよくならずにはいられなくなるんでしょう。／干了这么多年警察，这脑袋你要它不灵都不行啊。

2.「気がする」慣用語，表示内心感触，意为"觉得""好像"。

　　◇あの人には前にどっかで会ったような気がします。／我觉得以前在哪儿见过那个人。

3.「〜（ように）感じられる」句型，其中「感じられる」是自发态。自发态由五段动词、サ变动词未然形＋「れる」或一段动词、カ变动词未然形＋「られる」构成。所谓"自发"，指的是某种自然产生的心情，通常接在某些和感情、心情相关的动词后，表示心理状态。

　　◇このホテルは居心地がよくて、まるで自分の家にいるように感じられます。／这家宾馆环境舒适，让人不由得有种宾至如归的感觉。

4.「すると」接续词，表示以前项为契机、条件，发生了后项行为或发现了后项；还可用于在对话中承接对方的发言。「すると」的前后项主语不同，且后项多是说话人以旁观者的眼光来叙述的无意志性事项。

　　◇ドアを開けました。すると、知らない女性が立っていました。／打开门，结果（发现）一名陌生女子站在那里。

原文翻译
　　专心于某事并坚持不懈，你会感到自己的直觉似乎得到了加强。※小柴昌俊（1926〜）：诺贝尔奖物理学奖获得者。日本爱知县人。

エネルギーを何に向けるかで、それはパワーに変わります。思考の流れを、自分を高める方向へ切り替えましょう。※ジェームズ・アレン。

コメント:エネルギーを向ける方向を慎重に定めます。自分の好きなこと、自分の才能が発揮できること、社会の役に立つこと、などがその方向の範囲となるでしょう。適切な方向に向ければ、エネルギーは100％パワーに変換できます。

基本語彙

高める【たかめる】③(他一) 提高

切り替える【きりかえる】④◎③(他一) 转换,转变

慎重【しんちょう】◎(形動) 慎重

発揮【はっき】◎(他サ・名) 发挥,施展

％【パーセント・percent】③(名) 百分之……,百分数

変換【へんかん】◎(自他サ・名) 变换,转换

解説
跟我来ついてこい

1. 「自分を高める」慣用語,意为"提升自我"。
   ◇勉強を通して、自分を高めるのはとても大切です。/通过学习来提升自我是非常重要的。
2. 「〜の役に立つ」慣用語,接名词后。一般多说「〜に役に立つ」或「〜に役立つ」,意为"对……有益"。
   ◇将来、社会の役に立つ人間になりたいです。/将来我要成为对社会有用的人。

原文翻译

将能量投放何处决定着它能否转换成动力。就让我们把思维的流向切换

到自我提高的方向上来吧。※詹姆斯·爱伦。

　　積極的な心的態度を持つ人の最大の特徴は、どんなことに対してでも良い面を発見する能力に長けていることです。※ジョセフ・マーフィー。

　　コメント：悪い事が起きて、悪いと思うのは自然な感情です。その自然の波に敢えて逆らって泳ぎ、良い面を発見してチャンスや喜びや楽しさを捕まえられる人は、何が起きても幸福に生きていけるでしょう。

基本語彙

積極的【せっきょくてき】⓪（形動）积极（的）

心的【しんてき】⓪（形動）心理上的，精神上的

態度【たいど】①（名）态度

特徴【とくちょう】⓪（名）特征

長ける【たける】②（自一）擅长，善于

波【なみ】②（名）波，波浪

敢えて【あえて】①（副）敢于，硬要

逆らう【さからう】③（自五）逆，反

解説
跟我来ついてこい

1.「敢えて」副词，意为"硬""勉强"。
　◇彼はできるはずがないのに、敢えてやると言いました。／他明明做不了，却硬说要做。

2.「～に長ける」惯用表达，意为"擅长于""善于"。

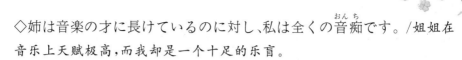

◇姉は音楽の才に長けているのに対し、私は全くの音痴(おんち)です。/姐姐在音乐上天赋极高,而我却是一个十足的乐盲。

原文翻译

拥有乐观心态的人,其最大特点是善于捕捉所有事物积极的一面。※约瑟夫·墨菲。

常にこれでいいのかということを考えるのです。決して、昨日と同じことを、同じ方法で、同じ発想でやってはいけません。※稲盛和夫。

コメント:状況は常に変化します。昨日通じた方法が今日も通じるとは限りません。「最善の方法を追求する」という態度だけは一貫して保ち、方法は日々変えていかなければなりません。

基本語彙

通じる【つうじる】⓪(自他一) 通用,共通

一貫【いっかん】⓪(自サ・名) 一贯,始终

保つ【たもつ】②(他五) 保持

原文翻译

要一直告诫自己:"切勿固步自封"。决不能抱着与昨日相同的方法和构思原地打转。※稲盛和夫。

賢明な人と愚かな人の決定的な違いは、自分の考えを自覚してコントロールしているかという点です。※ジェームズ・アレン。

コメント:愚かな人は感情的になって怒鳴ったりします。ところで感情の震源地は思考です。ですから自分の思考内容や価値観を十分に知り、コントロールすれば、感情に操られずに済みます。

基本語彙

　　賢明【けんめい】⓪(形動) 明智,贤明
　　愚か【おろか】①(形動) 愚蠢,愚笨
　　怒鳴る【どなる】②(自五) 大声喊叫,大声训斥
　　震源地【しんげんち】③(名) 根源,起因;震源地
　　価値観【かちかん】②(名) 价值观
　　操る【あやつる】③(他五) 操纵,控制

跟我来ついてこい

　「ところで」接续词,表示转换话题和对刚提过的话题进行补充、对比。
　　◇今日の授業はこれまでです。ところで、王さんを最近見かけませんが、どうしているか知っている人はいませんか。/今天的课就上到这里。另外,最近没有看到小王,有谁知道他怎么了？

原文翻訳

　　智者和愚者最根本的区别在于能否有意识地掌控自己的思维。※詹姆斯·爱伦。

18

　　自分をいい人間であるかのように讃えて愚痴をこぼす人は、善と悪の正しい判断がついていません。その人の目に映るのは、困難な状況と悲惨な現実ばかりです。※ジェームズ・アレン。
　　コメント:自分を過度に理想化するには、目の前の状況を低く貶めればい

いのです。相対的に自分がいい人間となります。しかし言うまでもなく、その状況とは本人が描いた幻影です。愚痴を吐く口を閉じて、自分も他人も肯定する態度を取りましょう。

基本語彙

讃える【たたえる】③⓪（他一）赞扬，夸奖

愚痴【ぐち】⓪（名）牢骚

こぼす②（他五）发牢骚，抱怨

映る【うつる】②（自五）映

悲惨【ひさん】⓪（形動・名）悲惨，凄惨

過度【かど】①（形動・名）过度

貶める【おとしめる】④（他一）贬低，轻视

相対的【そうたいてき】⓪（形動）相对的

本人【ほんにん】①（名）本人

描く【えがく】②（他五）描绘

幻影【げんえい】⓪（名）幻影，幻象

吐く【はく】①（他五）吐露，说出

閉じる【とじる】②（他自一）闭，合上

解説
跟我来ついてこい

1.「～かのようだ」句型，接活用词连体形后，表示"实际上并非如此却感觉像那样"，常用于描述与事实矛盾或假想的事物。

　　◇本当は見たこともないのに、いかにも自分の目で見てきたかのように話しています。／事实上连见都没见过，可说起来却活灵活现，就像亲眼见到了一样。

2.「愚痴をこぼす」慣用語，意为"发牢骚""不满"。下文出现的「愚痴を吐く」也表示此意。

　　◇母は、「お父さんは働くより遊ぶのが好きな人だったのよ」とよく愚

痴をこぼしていました。/母亲常常抱怨说:"你那个爹呀,曾是个好逸恶劳的人呢。"

3.「判断がつく」慣用語,意为"作出判断",用于陈述"结果"。若强调动作,则说成「判断をつける」。

◇実際に行動してみれば判断がつきます。/实际行动起来就能作出判断。

4.「目に映る」慣用語,意为"(景色等)映入眼帘",含有"看了以后得到某种印象"之意。类似的说法有「目に入る」,但只表示"看见"。

◇初めての外国旅行で、目に映るものすべてが珍しく感じられます。/第一次去国外旅行,感觉所有看到的都很新奇。

5.「言うまでもない」連語,意为"不言而喻""不用说"。在句首或句中要说成「言うまでもなく」。

◇言うまでもなく、私たちをとりまく環境はどんどん汚染されてきています。/不言而喻,我们周围的环境正在迅速遭受着污染。

6.「～態度を取る」慣用表达,意为"采取……态度"。

◇私はこのような性格なので、はっきりとした態度を取ることができません。/由于这样的性格,我无法采取毅然决然的态度。

原文翻译

把自己吹捧得如同圣贤又牢骚不断之人,培养不出判断善恶的能力。他眼中充斥的净是困难的状况和悲惨的现实。※詹姆斯·爱伦。

この世には善も悪もなく、思考がそれらを作り出します。あなたが抱えている問題は悪ではありません。それはあなたにとって、問題を克服する絶好機なのです。※ジョセフ・マーフィー。

コメント:物事はそもそも客観的事実だけの存在です。善悪という価値は

後で人が勝手につけるものです。ならば思い切って問題を「いいこと」として捉えてもいいわけです。なぜいいのか、その理由も自分の都合のいいように考えましょう。

基本語彙

作り出す【つくりだす】④⓪(他五) 制造出来

抱える【かかえる】⓪(他一) 身边有（必须处理、照看的事）；承受

克服【こくふく】⓪(他サ・名) 克服

そもそも①(副) 本来，原本

客観的【きゃっかんてき】⓪(形動) 客观的

善悪【ぜんあく】①(名) 善恶

勝手【かって】⓪(形動・名) 任意，随便

都合【つごう】⓪(名) 方便

跟我来ついてこい

「そもそも」副词，在句中的位置较为灵活，意为"本来""一开始"。

◇そう考えるのがそもそも間違っています。/那样想本来就是错误的。

原文翻译

世间无善恶，人心自想出。你有疑惑非为"恶"，此乃解惑佳机也。※约瑟夫・墨菲。

「心の中に蒔かれた思い」という種のすべてが、それ自身と同種のものを生み出します。※ジェームス・アレン。

コメント:心の畑にあなたはどんな種を蒔きますか。リンゴの種を蒔けば、将来、リンゴの木が花開きますが、それではもったいないです。せっかく

の万能の畑です。もっと大きな夢を、大きな理想を、蒔いてみましょう。

基本語彙

蒔く【まく】①（他五）播，种

生み出す【うみだす】③（他五）生出，产出

種【たね】①（名）种子

畑【はたけ】⓪（名）旱田

もったいない⑤（形）可惜，浪费

万能【ばんのう】⓪（名）万能，全能

もっと①（副）更，再

解説 跟我来ついてこい

「もったいない」形容词,意为"可惜""浪费""过分好""不胜感激"等。本文中是"可惜"的意思。

◇食べ残しを捨ててしまうのはもったいないですね。/把吃剩的扔掉,太可惜了呀。

原文翻译

在心中播撒什么样的种子,现实中就会结出什么样的果实。※詹姆斯·爱伦。

21

あなたが欲しくないものに気づくのは良い事です。なぜなら、逆のことが分かり、これがぜひ欲しいものだと言えるからです。※ジャック・キャンフィールド。

コメント：欲しくないものの反対が欲しいものです。嫌いなものの反対が好きなものです。そうやって自分の望みや好悪を明白にすると、目標設定も

しやすくなるでしょう。

基本語彙

逆【ぎゃく】⓪(名・形動) 相反(的)

反対【はんたい】⓪(名・形動) 相反(的)

明白【めいはく】⓪(形動・名) 明白(的)、明确(的)

設定【せってい】⓪(名・他サ) 设定，设立

原文翻译

觉察到你不想要的东西是件好事。究其原因，是因为你懂得了其对立面，并能够说出那才是你真正想得到的。※杰克·坎菲尔德。

「物事を面白く体験するための5K」というのがあるんです。それは、好奇心、観察力、行動力、向上心、謙虚。とくに謙虚は大事。最初のワクワクした気持ちを忘れないことです。※東儀秀樹(とうぎひでき，1959～):雅楽師。東京都生まれ。

コメント:物事に慣れると慢心して、「これはもう分かる」とか「自分はもう学ぶ必要はない」などと思ってしまいます。それで新鮮な気持ちを失い、楽しくなくなります。それよりも「まだまだ分からないことがあるはず」と謙虚な姿勢で取り組むことです。すると実際に多くのことが分かり、慣れた体験が新しい体験へと変貌します。

基本語彙

好奇心【こうきしん】③(名) 好奇心

観察力【かんさつりょく】④(名) 观察力

向上心【こうじょうしん】③(名) 上进心

ワクワク①(副・自サ)(期待、担心等时)心神不定,(心)扑通扑通

雅楽【ががく】①（名）雅乐，（日本古代的）宫廷音乐
慢心【まんしん】⓪（自サ・名）骄傲，自满
取り組む【とりくむ】③⓪（自五）专心致志，全力以赴
変貌【へんぼう】⓪（自サ・名）改变面貌，改观

解説 跟我来ついてこい。

「〜に慣れる」惯用表达，意为"习惯于……"。常以「ている」的形式结句。
◇もう女房の愚痴にすっかり慣れています。/已经听惯了老婆的唠叨。

原文翻译

　　世上有"帮你快乐体验事物的五件利器"。即好奇心、观察力、行动力、上进心和谦逊。其中谦逊尤其重要。别忘了最初跃跃欲试的感觉。※东仪秀树（1959〜）：雅乐表演家。日本东京人。

　　他人の意見ではなく、自分の中の声に耳を澄ましなさい。そして、もっとも大切なのは、自分の心と直感に従う勇気を持つことです。※スティーブ・ジョブズ（1955〜2011）：アップル社の創業者、企業家。アメリカ人。

　　コメント：情報は必要です。しかしあまりに情報が氾濫している状況では、何が正しいのか分からず、かえって混乱してしまいます。耳を塞いで、たった一つの自分の声に、聞き入りましょう。

基本語彙

澄ます【すます】②（他自五）专心，集中（注意力）
アップル社【Appleしゃ】③（名）苹果公司
企業家【きぎょうか】⓪（名）企业家
氾濫【はんらん】⓪（自サ・名）泛滥，充斥

かえって①(副) 反倒,反而
混乱【こんらん】⓪(自サ・名) 混乱
塞ぐ【ふさぐ】⓪(他自五) 堵,塞
聞き入る【ききいる】③(自五) 倾听,专心听

解説
跟我来ついてこい

1. 「耳を澄ます」慣用語,意为"侧耳倾听""聚精会神地听"。
   ◇耳を澄ますと、微かに雨の音が聞こえてきました。/侧耳倾听,能听到细微的雨声。
2. 「かえって」副詞,意为"反而""反倒"。
   ◇道が混んでいるときは車より歩くほうがかえって速いです。/道路拥挤时步行反而比开车快。
3. 「耳を塞ぐ」慣用語,意为"不想听""充耳不闻"。
   ◇彼は自分への好意的な意見だけを聞き、批判的な意見には耳を塞いだのです。/他只听好话,对批评的话充耳不闻。

原文翻译
　　要静心聆听自己的心声,而不是别人的意见。而且最重要的是要有跟着心灵和感觉走的勇气。※史蒂夫・乔布斯(Steve Jobs,1955～2011):苹果电脑公司的创始人、企业家。美国人。

　「好」天気も「悪」天気もないのです。ただあるのは、天気と天気に左右される私たち自身です。※ルイーズ・L・ヘイ(1926～):アメリカのセラピスト。
　コメント:土砂降りの空に向かって、「いい天気だ」と叫んでみましょう。既成の価値観と固定化された常識を破壊し、その残骸の上に巨大な虹をかけてください。

基本語彙

左右【さゆう】①（他サ・名）影响，支配；左右
土砂降り【どしゃぶり】④（名）暴雨，倾盆大雨
叫ぶ【さけぶ】②（自五）大声呼喊
既成【きせい】⓪（名）既成，现有，原有
破壊【はかい】⓪（他自サ・名）破坏，摧毁
残骸【ざんがい】⓪（名）残骸；遗体
虹【にじ】⓪（名）虹，彩虹

解説 跟我来ついてこい

「虹をかける」惯用语，意为"架起彩虹桥"，引申为"带来希望""建设美好的明天"。

◇互いの心に虹をかけて、互いの夢に近寄ってみます。/相互在心里架起虹桥，走进对方的梦想。

原文翻译

天气无好坏之分，有的只是天气以及受其影响的我们自身。※露易丝・海（Louise L. Hay, 1926～）：美国心理治疗专家。

過ぎてしまったことを、後悔しても、仕方がありません。過ぎてしまったことは、いい経験だと思っておきましょう。「いい経験になったな」こう思って、次に進んでいけばいいのです。過ぎたら、いい経験なのです。※瑠璃星朝寿（るりぼしともよし，生年不明）理学療法士（出身地不明）。

コメント：逆境・失敗と、順境・成功は、正反対のものですが、その状況が過ぎれば、すべて平等に「過去」となります。「現在」の状況からはリアルタイ

ムで影響を受けますが、「過去」に対して人は冷静に、肯定的に、前向きに意味解釈することができます。

基本語彙

　後悔【こうかい】①（他自サ・名）后悔，悔恨
　順境【じゅんきょう】⓪（名）順境
　正反対【せいはんたい】③（名・形動）正相反，完全相反
　リアルタイム【real time】④（名）同時，实时
　影響【えいきょう】⓪（名・自サ）影响
　冷静【れいせい】⓪（形動・名）冷静
　前向き【まえむき】⓪（形動・名）积极，进步
　解釈【かいしゃく】①（他サ・名）理解；解释，说明

原文翻译

　　往事不堪回首，后悔无济于事。你就把过去的事情看作难得的体验吧。以此信念走下去就没错。过去了，就是好的经历。※璃星朝寿（生年、出生地不详）：理学疗法治疗师。

　　健康も長寿も運命も成功も、いえいえ、極論しますと、人生の一切合財のすべてが、この積極精神、というもので決定されるのです。心の態度が積極的だと、お互いの命の全体が積極的に運営される。反対に消極的だと、またその通りに全生命の力が、消極的に萎縮せしめられてしまいます。※中村天風（なかむらてんぷう，1876～1968）：ヨガ行者。東京都生まれ。

　　コメント：精神は肉体を支配しています。嬉しいときは笑顔になったり、飛びあがったりするでしょう。悲しいときは自然とうつむき、体の動きも静かになります。精神が積極的になれば、体もそれに反応します。そして体が

直に触れるこの世界にも影響を与えることとなります。＜精神→体→世界＞という支配関係があるのです。

基本語彙

健康【けんこう】⓪（名）健康

長寿【ちょうじゅ】①（名）长寿

一切合財【いっさいがっさい】⑤（名）全部，所有一切

決定【けってい】⓪（自他サ・名）决定

運営【うんえい】③（他サ・名）运作；经营；办理

萎縮【いしゅく】⓪（自サ・名）萎缩

飛び上がる【とびあがる】④（自五）跳起来；飞起来；越级晋升

うつむく【俯く】③（自五）俯首，低头

反応【はんのう】⓪（自サ・名）反应

直に【じかに】②①（副）直接；贴身

触れる【ふれる】③（自一）接触，碰；触及；打动

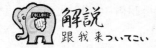

1.「(その)反対に」惯用表达，放在两个句子之间，意为"相反""相对"。

◇父は酒が全然飲めません。反対に母はとても酒に強いです。／父亲滴酒不沾，母亲却是海量。

2.「～しめる」助动词，接动词、一部分助动词的未然形后。接「サ変動詞」时要用词干＋「せしめる」的形式，表示使役。与「せる」「させる」相比，「～しめる」属于书面语，多用于惯用语等固定表达中。

◇環境を変化せしめる要因はいくつもあるそうです。／据说使环境变化的因素有好几个。

3.「直に」副词，表示"中间没有隔着任何东西"，意为"直接"。

◇地面が汚れているので鞄を直に置かないでください。／地面脏，不要直接把书包放在地上。

原文翻译

健康、长寿、命运、成功……说得极端一点,人生所有的一切都取决于"乐观向上的精神"。心态积极,整个身体机能就会充分运作,相反,一旦心态消极,生命力就会相应地衰退。※中村天风(1876～1968):瑜伽修炼者。日本东京人。

自分ばかりが損をしていると思っていると本当に自分ばかりが損をしてしまいます。あなたの潜在意識が知らず知らずのうちに自分が損をするように、損をするようにとあなたを動かすからです。※勝間和代(かつまかずよ,1968～):経済評論家。東京都生まれ。

コメント:意識の中にある強い思いが潜在意識に浸透します。そして潜在意識が世界を動かして意識を実現するのです。意識上に「損」があるなら、これを「得」に変えましょう。後は結果が出るのをのんびり待っていればいいのです。

基本語彙

損【そん】①(名・形動) 吃亏,损失

動かす【うごかす】③(他五) 促使,推动;活动;开动

浸透【しんとう】⓪(自サ・名) 渗透,渗入

得【とく】⓪(名) 利益;划算

のんびり③(副・自サ) 悠闲自在;无拘无束

1.「損をする」慣用語,意为"亏本""吃亏"。反义词是「得をする」。

　　◇「損をして得取る」ということわざがあります。/有句谚语叫作"吃小亏占大便宜"。

2.「知らず知らずのうちに」连语,意为"在不知不觉中"。

◇あの二人の間には知らず知らずのうちに恋が芽生えていきました。/两个人在不知不觉中产生了爱情。

原文翻译

如果你认为自己总在吃亏,那真的你就一直在吃着亏。因为你的潜意识在不知不觉中就促使你去吃亏。※胜间和代(1968~):经济评论家。日本东京人。

一怒一老といいまして、怒らないことですね。怒りは無知、笑いは悟り、悟らないから苦労するのです。苦を修行と思えばいい。患うのは、心に串が刺さっているからですよ!※悠玄亭玉介(ゆうげんていたますけ,1907~1994):幇間芸人。東京都生まれ。

コメント:人間には感情という自由が与えられています。一つの出来事に対して、怒りを選ぶか笑いを選ぶかの余地があるのです。

基本語彙

一怒一老【いちどいちろう】⓪(名)一怒一老,生气

無知【むち】①(名・形動)无知;愚笨

悟り【さとり】⓪(名)觉悟,领悟

悟る【さとる】⓪②(他五)觉悟,领悟;悟道

修行【しゅぎょう】⓪(名・他サ)修行;修炼

患う【わずらう】③④⓪(自他五)烦恼;患病

串【くし】②(名)扦子,串

刺さる【ささる】②(自五)扎上,刺

幇間【ほうかん】⓪(名)帮闲

怒り【いかり】③⓪(名)愤怒,气愤

余地【よち】①(名)余地;空地

1.「一怒一老」读作「いちどいちろう」,源自中国的谚语"一笑一少,一怒一老",意为"笑一笑十年少,怒一怒白了头",告诫人们要"乐观向上"。

◇「一怒一老」と言いますが、悲観や絶望は病気を招くことがあるそうです。/俗话说"怒一怒白了头",悲观、绝望会招致病魔。

2.「〜のは〜からだ」句型,是因果关系倒置的表达方式,即"之所以……是因为……"。这时句型中「から」不能替换成「ので」。

◇試験に落ちたのは勉強しなかったからです。/考试不及格是因为没有好好学习。

3.「余地がある」慣用語,意为"有余地"。相反则是「余地がない」。

◇この地方の経済発展について、まだまだ検討の余地があると思います。/关于这里的经济发展,我认为大有研讨的余地。

原文翻译

俗话说"怒一怒人易老",就是说要制怒。发怒是无知,快乐是洒脱。想不开则愁不断。要把苦难当修行。心有不快无异于扦针刺胸哦!※悠玄亭玉介(1907〜1994):以助酒兴为业的艺人。日本东京人。

消極的言葉の厳禁

絶対に消極的な言葉は使わないこと。否定的な言葉は口から出さないこと。悲観的な言葉なんか、断然もう自分の言葉の中にはないんだと考えるぐらいの厳格さをもっていなければ駄目なんです。※中村天風。

コメント:言葉の創造力というものに、人々はもっと自覚的になるべきでしょう。「馬は○○がある」という言葉の形式において、「馬は尻尾がある」は現実を描写した言葉ですが、「馬は翼がある」は非現実的です。しかしそこか

らペガサスが生まれ、神話を作りました。「車は○○を走る」の○○に「海」や「空」や「宇宙」を入れた瞬間から創造力が発動します。

基本語彙

厳禁【げんきん】⓪（名・他サ）严禁

断然【だんぜん】⓪（副）断然，坚决

厳格【げんかく】⓪（形動）严格；严肃，严厉

馬【うま】②（名）马

形式【けいしき】⓪（名）形式

尻尾【しっぽ】③（名）尾巴

描写【びょうしゃ】⓪（他サ・名）描写，描述

翼【つばさ】⓪（名）翼，翅膀

ペガサス【Pegasus】①（名）（希腊神话中的）天马

解説 跟我来ついてこい

1.「なんか」副助詞，接体言后，表示以某种事物为例进行陈述，有时含有说话人的自我评价，用于他人则带有瞧不起的轻视语气，与「など」相似，意为"之类""之流""等等"。不能用在与尊长有关的事项、动作上。

　　◇カエルなんか食べたくありません。/青蛙之类的我不想吃。

2.「非～」接头词，读作「ひ」，表示否定的含义，即"不……""非……"。

　　◇人を2時間も待たせておいて「すみません」の一言もないとは全く非常識なやつです。/让人等了两个小时连一声对不起都不说，真是个缺乏常识的家伙。

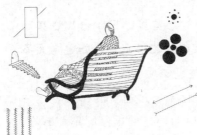

原文翻译
严禁使用消极词语

绝对禁用灰心丧气的措辞。不说否定性话语。在自己的言谈中断然拒用悲观的表达。脑子里必须绷紧这根弦。※中村天风。

感謝・幸福

いいことはお陰様、悪いことは身から出た錆。※相田みつを(1924～1991)：詩人。栃木県生まれ。

コメント：周りの人に感謝して、できなかったのは自分の努力不足だと考えましょう。そう思えないようなことも当然あるでしょうけれど、全ての出来事をこう捉えてみましょう。まずはこう考えられるようになるところから始めていきましょう。

基本語彙

錆【さび】②（名）恶果；锈
栃木【とちぎ】⓪（名）栃木（县）（位于关东地区北部的县）
不足【ふそく】⓪（名・形動）不够，不足

1.「身から出た錆」谚语，意为"自作自受""咎由自取"，用于消极方面的表现。

　◇それは身から出た錆ですから、誰も恨みません。/那是我自作自受，我谁都不怨。

2.「～不足」接尾词，接名词后，意为"不足""缺乏"。此时多发生浊音变化，读作「ぶそく」。

　◇最近睡眠不足で、元気がないんです。/最近睡眠不足，所以打不起精神来。

原文翻訳

好事得于人，坏事归于己。※相田光男（1924〜1991）：诗人。日本栃木县人。

一人の力なんて高が知れています。99％は人の力。周りにいてくれる人たちの力だと思います。※島田洋七（しまだようしち，1950〜）：漫才師。広島県生まれ。

コメント：ある見方では、良好な人間関係は「してあげたこと」と「してもらったこと」で成り立っています。そしてこの二つのバランスを考えたとき、いかに自分が周りの人たちのお世話になっているかに気づくでしょう。自分の力の小ささを客観視し、人に感謝する姿勢を忘れないようにしたいものです。

基本語彙

漫才【まんざい】③（名）（対口）相声
見方【みかた】②③（名）見解，看法
良好【りょうこう】⓪（形動）良好
成り立つ【なりたつ】③⓪（自五）构成，组成
バランス【balance】⓪（名）平衡，均衡

 解説
　　　　跟我来ついてこい

1.「高が知れる」慣用語，意为"知道底细""没什么了不起"。
　　◇彼の考えは高が知れています。/他那想法高明不到哪去。
2.「世話になる」慣用語，意为"得到照顾""承蒙关照"。
　　◇いつも野田さんにいろいろお世話になってるんです。/一直得到野

田先生的多方关照。

3.「～たいものだ」句型,其中「ものだ」与「たい」「ほしい」等欲望表现形式合用以强调该心情,意为"太想……""非常想……"。

◇その話はぜひ伺いたいものです。/我太想知道那件事了。

4.「～視する」接尾词,接名词后,意为"视为""看作"。

◇彼はその出来事を全く問題視しません。/他根本不把这件事当回事儿。

原文翻译

个人的力量微不足道,99%的功劳应归功于我们身边的人。※岛田洋七(1950～):相声演员。日本广岛县人。

大切なのは、自分がして欲しいことを、まずは人にしてあげることではないでしょうか。かんしゃくの「く」の字を捨てて、ただ感謝。※高森顕徹(たかもりてんけつ,1929～):浄土真宗親鸞会会長。富山県生まれ。

コメント:「自分が出したもの」が100なら「自分が得られるもの」も100です。そして初めに自分から出さないと、いくら待っていても得られません。癇癪を起こせば、いつか人に怒鳴られるでしょう。感謝すれば、いつか誰かにお礼を言われるでしょう。この社会のルールは案外単純です。

基本語彙

かんしゃく【癇癪】⓪(名)肝火,火气

捨てる【すてる】⓪(他一)扔掉,去掉

浄土真宗【じょうどしんしゅう】④(名)浄土真宗(日本佛教的一个宗派)

親鸞【しんらん】⓪(名)亲鸾(日本镰仓初期僧人,浄土真宗创始人)

ルール【rule】①(名)规则

案外【あんがい】①⓪(副・形动)意想不到,出乎意料

1. 「癇癪を起こす」慣用语，意为"动不动就发脾气""容易动肝火"。
   ◇プレッシャーが大きすぎて、ほんのちょっとしたことですぐ癇癪を起こしてしまいます。/压力太大，为鸡毛蒜皮的小事大动肝火。
2. 「お礼を言う」慣用语，意为"道谢"。
   ◇お礼を言わなければならないのは私のほうです。/要道谢的应该是我。

原文翻译

想让别人为自己做的事首先要自己去为别人做，这一点很重要。去掉怒中的"奴"，留下感恩之心。※高森顕徹（1929～）：净土真宗亲鸞会会长。日本富山县人。

　　一人の人間が生かされてゆくためには、直接・間接にたくさんの人々の協力、助けが必要です。つまり、私たちが今こうして生きていられるのは、自分一人の力ではなく多くの人々のおかげがあるからこそなのです。それに気づいて感謝の心を持てるかどうか。それができる人こそ、本当に豊かな心の持ち主といえるのでしょう。※松下幸之助。

　　コメント：赤ん坊のとき、両親がいろいろ世話をしてくれます。成長して自立しても、周囲の人々の世話になります。例えば大学では、先生が質問に答えてくれます。友達がボールペンを貸してくれます。小さなことを、当たり前ではなく、感謝するべきこととして捉えると、心が豊かになります。

基本語彙

生かす【いかす】②(他五) 使……活下去；活用

直接【ちょくせつ】⓪(副・名) 直接
間接【かんせつ】⓪(形動) 间接
協力【きょうりょく】⓪(名・自サ) 协助，配合
持ち主【もちぬし】②(名) 持有者，所有者
赤ん坊【あかんぼう】⓪(名) 婴儿
自立【じりつ】⓪(自サ・名) 自立，独立

解説 跟我来ついてこい

1. 「～のは～からこそ(なの)だ」句型，用于先叙述结果，后项解释原因。添加「こそ」以强调原因、理由。意为"之所以……正是因为……"。
   ◇これは運じゃありません。成功したのはたゆまぬ努力をしたからこそなのです。/这可不是运气。成功完全取决于持之以恒的努力。
2. 「世話をする」惯用语，意为"照料""帮助"。与「世話になる」对应。
   ◇彼は私を兄弟のように思って世話をしてくれます。/他给予了我兄弟般的照料。

原文翻译

一个人的成长需直接或间接得到众人的支持和帮助。也就是说，我们之所以能如此生活并非全靠自己个人的力量，而要归功于很多人。能否意识到这一点并存感恩之心尤为重要。只有意识到这一点的人才可以说是真正内心丰富的人。※松下幸之助。

困難があれば、成長させてくれる機会を与えてくれてありがとうと感謝し、幸運に恵まれたなら、なおさらありがたい、もったいないと感謝する。感謝の心をもてれば、その人は満足感を味わうことができるのです。※稲盛和夫。

コメント：どんなことでも感謝できる人は非常に少ないです。だからこそ毎日満足して生活している人も少ないのです。「感謝感激雨霰（あめあられ）」という冗談めいた言葉があります。困難があったら、この言葉を呪文のように唱えてみるのもいいかも知れません。

基本語彙

幸運【こううん】⓪（名・形動）幸运,侥幸

なおさら④⓪（副）更加,越发

ありがたい【有（り）難い】④（形）感激,值得庆幸

味わう【あじわう】③⓪（他五）体验；品尝

非常に【ひじょうに】④⓪（副）非常

雨霰【あめあられ】①－⓪、①（名）雨点般落下,连接不断

冗談【じょうだん】③（名）玩笑,笑话

呪文【じゅもん】⓪（名）咒文,咒语

唱える【となえる】③（他一）念,诵

解説
跟我来ついてこい

1.「～たなら」句型,是强调「たら」的旧式说法,用于表示假定条件、与事实相反的条件。意为"如果……了的话"。

　　◇万一雨が降ったなら、試合は中止です。/万一下雨的话就停止比赛。

2.「なおさら」副词,表示程度上更进一步。意为"更加""越发"。

　　◇今でも生活が苦しいのに、子供が生まれればなおさらです。/现在的生活已经够苦的了,如果再生孩子就更受不了了。

3.「だからこそ」惯用表达,其中「だから」表示理由,「こそ」起强调理由的作用。意为"正是因为这种理由"。

　　◇高齢化社会が急速に進んでいます。だからこそ、今すぐ老人医療の見直しをやらなければなりません。/老龄化发展迅速,因此现在必须重新考虑老年人的医疗问题。

4.「～めく」接尾词,接某些名词后构成复合动词,意为"好像……的样子""带有……的气息""带有……的氛围"。

◇雪が溶けて、春めいてきました。/冰雪融化,春色渐浓。

原文翻译

遇到困难就感谢它给予你成长的机会;得到幸运之神的垂青要倍加珍惜,充满感激。只要拥有一颗感恩的心,就能够享受到满足的喜悦。※稻盛和夫。

6

悲運に処する最上の道は、なんといっても、悲運の中に天意を見出してそれに感謝することでなければなりません。※下村湖人(しもむらこじん,1884～1955):小説家。佐賀県生まれ。

コメント:悲運に遭えば悲しいです。しかし天の善意によってこの悲運があると考えるなら、悲しみにも歯止めがかかります。人間の価値判断などごく小さなものです。天は宇宙規模の視点から価値判断を下すので、人間にとっての悲運も実は幸運だとも考えられるのです。

基本語彙

悲運【ひうん】①(名) 苦命,悲惨的命运

処する【しょする】②(自他サ) 应付;处理

最上【さいじょう】⓪(名) 最好

なんといっても①(連語) 不管怎么说

天意【てんい】①(名) 天意

見出す【みいだす・みだす】③⓪(他五) 找到,发现

善意【ぜんい】①(名) 善意,好意

歯止め【はどめ】⓪③(名) 限制,制止
ごく①(副) 非常,最
規模【きぼ】①(名) 規模,范围
視点【してん】⓪(名) 观点,角度
下す【くだす】⓪(他五) 作出,下达
実は【じつは】②(副) 说实在的,其实

1.「なんといっても」连语,用于强调某事,意为"总之""不管怎么说"。
　　◇今現在一番の注目課題はなんといっても経済でしょう。/不管怎么说现如今最热门的话题当数经济吧。

2.「歯止めがかかる」惯用语,意为"刹车""终止"。
　　◇どうすれば少子化に歯止めがかかると思いますか? /你认为如何才能阻止"低出生率"现象的扩展呢?

3.「ごく」副词,汉字写作「極」,接形容词、形容动词、副词等前,表示程度很高。意为"非常""最"。
　　◇ごくわずかな人しか一流大学に入れません。/只有极少数人才能进名牌大学。

4.「判断を下す」惯用语,表示"作出判断"。类似的说法有「判断をつける」「判断がつく」。
　　◇判断を下す前に相手の話をよく聞いてください。/下结论前要认真听一下对方的陈述。

原文翻译

　　总之,处理不幸的最好办法就是一定要在不幸中发现天意并感谢它。※下村湖人(1884～1955):小说家。日本佐贺县人。

40才を過ぎたら、そう簡単に自分を変えることなんてできない！と思っていませんか？そんなことは絶対ありません。マイナスの言葉をやめ、「ありがとう」と「感謝します」を言い続けていれば、何歳であっても人生は良い方向に変わっていきます。※五日市剛（いつかいちつよし，1964～）：工学博士。岩手県生まれ。

コメント：年齢とともに性格は固まっていきますが、自分の性格を変えたいと思うなら、周囲に感謝することです。全然関係ないと思われるでしょうが、感謝は心の深奥から迸るものなので、性格変容にも関連しているのです。「ありがとう」の言葉を言うとき、感情がなくてもかまいません。まず形式を大切にして、繰り返し言っていれば、後から感謝の感情が生まれてきます。

基本語彙

工学【こうがく】⓪①（名）工学，工程学

岩手【いわて】①（名）岩手（县）（位于日本东北地区东北部）

年齢【ねんれい】⓪（名）年龄，岁数

性格【せいかく】⓪（名）性格

固まる【かたまる】⓪（自五）稳定，稳固

変容【へんよう】⓪（名・自他サ）变样，改观

関連【かんれん】⓪（自サ・名）关联，有联系

原文翻译

你是不是觉得一过不惑之年就无法轻易改变自己了？事实绝非如此。只要绝口不提消极措辞，念念不忘"感谢"的话语，无论年龄大小，人生都会驶入光明的方向。※五日市刚（1964～）：工学博士。日本岩手县人。

　小さな幸せをたくさん集めましょう。大きな幸せがそうたくさんあるとは思えません。たくさんの小さな幸せを身近に拾ってご覧なさい。大きな幸せになりますよ。※清水雅(しみずまさし,1901～1994):実業家。大阪府生まれ。

　コメント:朝起きて窓を開けたら、外が爽やかな天気だと、何となく嬉しくなります。小さな幸せとはこういうものです。幸せを見落とさないように、よく注意してみましょう。毎日が幸せに満ちるはずです。

基本語彙

　集める【あつめる】③(他一) 收集,汇集

　身近【みぢか】⓪(名・形動) 身边,手边

　拾う【ひろう】⓪(他五) 拾,捡

　ご覧【ごらん】⓪(名)(以「てごらんなさい」的形式)试试看；(「見ること」的敬语)看

　爽やか【さわやか】②(形動) 爽朗

　何となく【なんとなく】④(副) 总觉得,不由得

　見落とす【みおとす】⓪③(他五) 看漏,忽略

　満ちる【みちる】②(自一) 充满

解説 跟我来ついてこい

1.「～てご覧なさい」句型,意为"尝试做某事",接续和含义同「～てみなさい」,但语气较为恭敬。

　　◇一人で考えないで、専門家に相談してご覧なさい。／不要一个人苦思冥想,跟专家商量看看。

2.「何となく」副词,用于表示不受主观意识控制的感觉,意为"(无来由地)觉

得""不由自主地"。

◇どういう原因か分かりませんが、何となく元気がありません。/是什么原因不清楚,总觉得没有精神。

3.「幸せに満ちる」慣用語,意为"充满幸福感"。

◇新しい生活が幸せに満ちることを願っています。/祈愿新的生活充满幸福。

原文翻译

把点点滴滴的幸福积攒起来吧。别以为会有大把大把的幸福等你拿。试着捡起身边众多不起眼的幸福,有一天你会发现自己攒集了巨大的幸福。※清水雅(1901～1994):实业家。日本大阪人。

　幸運は待っていれば向こうからやってきてくれるほど都合のよいものではありません。自ら望み、準備し、行動することによって獲得するものです。※ジョセフ・マーフィー。

　コメント:幸運や不運というと、自分以外の神的なものが関わっているように思いますが、実はそうではありません。幸運は海の中で泳ぐ魚と同じです。よい釣り場を探したら、釣竿を握り締めて、意識を集中して、力いっぱい大きな魚を釣り上ければよいのです。

基本語彙

向こう【むこう】②⓪(名) 前方,対面

獲得【かくとく】⓪(他サ・名) 获得,取得

不運【ふうん】①(名・形動) 不幸

釣り場【つりば】⓪(名) 钓鱼场

釣竿【つりざお】⓪(名) 钓鱼竿,鱼竿

握り締める【にぎりしめる】⑤(他一) 紧握,紧紧抓住

釣り上げる【つりあげる】④(他一) 钓上来

「～というと」连语,用于提起或承接某个话题,针对该话题进行解释或叙述关联事项。

◇夏目漱石(なつめそうせき)というと、『こころ』という小説を思い出す人が多いでしょう。/说起夏目漱石,大概会有许多人想起《心》这部小说吧。

原文翻译

幸运不会唾手可得,主动策划、精心准备、努力行动才能获其垂青。※约瑟夫・墨菲。

人は、不幸の時は一を十にも思い、幸福の時は当たり前のようにそれに馴れて、十を一のように思います。※瀬戸内寂聴(せとうちじゃくちょう,1922～):小説家・尼僧。徳島県生まれ。

コメント:毎日が平和で豊かすぎるため、かなりのよい事が起きないと幸福はなかなか感じられません。その分人は不幸に敏感になるのです。一度、地獄を体験し、それからこの社会に戻ってくれば、どれだけ幸福かが分かるでしょう。それこそ十の幸福を十億ぐらいに感じられるかも知れません。

基本語彙

馴れる【なれる】②(自一) 习惯,习以为常
尼僧【にそう】⓪①(名) 尼姑,修女
平和【へいわ】⓪(名・形動) 和睦,和平
敏感【びんかん】⓪(形動) 敏感,灵敏
地獄【じごく】⓪③(名) 地狱,受苦的地方

戻る【もどる】②(自五) 返回；还原

解説
跟我来ついてこい

1.「一を十にも思う」可看做惯用语，意为"夸大""看重"。其相反的说法就是「十を一のように思う」。

　　◇難関(なんかん)にぶつかったとき、一を十に思ったら、なかなか乗り越えられないでしょう。/遭遇困难的时候，如果夸大困难，就无法战胜它了。

2.「その分」连语，意为"相应地"。

　　◇景品(けいひん)なんか要りません。その分安くしてください。/赠品之类我不需要，就将相应的那部分让利给我。

3.「どれだけ～だろう」句型，表示感叹，「だろう」前多接形容词、形容动词，意为"多么……"。

　　◇子供が無事だと分かったとき、私はどれだけ嬉しかったでしょう。/当得知孩子平安无事时，我是多么的高兴啊。

原文翻译

　　人们把芝麻大的不幸放大成西瓜，而在幸福的时候却习以为常，把西瓜大的幸福当作芝麻。※濑户内寂听(1922～)：小说家、尼姑。日本德岛县人。

信念のない人は何もできない。私たちは皆、「幸福の鍛冶屋」です。信念のある人、精神的に強い人は、運命の曲がり角でも、自分の生き方に一定の影響を与え得ると信じます。※ミハイル・アレクサンドロヴィチ・ショーロホフ(1905～1984)：ロシアの小説家。

コメント:「禍を転じて福となす」と言います。不運が訪れたとき、それを逆に活用して幸せに変えることを言います。運命には逆らえないなどと自分に言い訳するのとは正反対の態度です。

基本語彙

鍛冶屋【かじや】⓪(名) 铁匠；铁匠铺

曲がり角【まがりかど】④(名) 十字路口,转折点

禍【わざわい】⓪(名) 灾祸,灾难

転じる【てんじる】⓪③(他自一) 转变,转换；迁居

訪れる【おとずれる】④(自一) 来临；拜访

活用【かつよう】⓪(他自サ・名) 有效利用,充分使用

1.「～屋」接尾词,接某些名词后,表示经营某种商品的店铺或从事某种职业的人。

　　◇郵便屋さんが小包を届けてきました。/邮递员送来了包裹。

2.「～に強い」惯用表达,多接名词,意为"在……方面强""精通……"。

　　◇寒さに強い植物の名前を挙げてみてください。/请你列举出耐寒植物的名称。

3.「～に影響を与える」惯用表达,意为"对……造成影响"。类似的说法有「～に影響する」。

　　◇中国文化は日本文化に大きな影響を与えています。/中国文化对日本文化产生了巨大的影响。

4.「～得る」接尾词,接动词连用形后构成复合动词,意为"能够""可能"。现在时读作「うる」,过去时或否定式时读作「える」。

　　◇彼が失敗するなんてあり得ないことですね。/说他失败,这是不可能的。

5.「禍を転じて福となす」谚语,意为"转祸为福""转危为安"。

◇禍を転じて福となすと考えて、今度の災難を福に変えるようにがんばってください。/转祸为福吧。努力将此次的灾难变为福气。

原文翻译

没有信念的人一事无成。我们每个人都是"幸福的缔造者"。我坚信有信念、意志坚强的人,即便在命运的低谷,也一定能够把握自己的前进方向。※米开尔・亚历山大罗维奇・肖洛霍夫(Mikhail Aleksandrovich Sholokhov, 1905~1984):苏联小说家。

幸福の扉の一つが閉じるときは、別の一つが開きます。けれど私たちは閉じたほうばかりながめていて、こちらに向かって開かれているもう一つの方に気づかないことが多いのです。※ヘレン・ケラー(1880~1968):アメリカの社会福祉事業家。

コメント:幸福は時空を越えます。現在の価値観で幸福だと感じるものもあれば、未来の価値観でそう感じるものもあります。上の格言の「別の扉」とはすなわち未来の扉です。その扉は、あなたの価値観が変容し、あなたの目に止まることを、ずっと待っています。

基本語彙

扉【とびら】⓪(名)门

ながめる【眺める】③(他一)凝视;眺望

福祉【ふくし】②⓪(名)福利

事業【じぎょう】①(名)事业;企业

時空【じくう】⓪①(名)时空,时间和空间

すなわち【即ち】②(接)即,就是

解説

1. 「~も~ば、~も~」句型,表示并列,意为"既……又……"。

    ◇値段の高い物もあれば、安い物もあります。/有价钱贵的,也有便宜的。

2. 「目に止まる」惯用语,意为"看到""注意""关心"。

    ◇なにかお目に止まるものがありませんか。/有没有您感兴趣的东西?

原文翻译

幸福之门无数扇,总有开来总有关。闭门常引众人觉,敞门竟然少人看。
※海伦·亚当斯·凯勒(Helen Adams Keller,1880~1968):美国社会福利家。

幸福な人は「いいこと」に敏感な人です。不幸な人は「悪いこと」に敏感な人です。※和田秀樹(わだひでき,1960~):精神科医。大阪府生まれ。

コメント:朝起きたとき、「あ、生きてた。嬉しい」と思える人の幸福は最強です。反対に、いくら楽しいことがあっても「人はいつか死ぬんだ」と冷める人は不幸の達人です。幸福と不幸の設計図を書くのは、生死への解釈です。

基本語彙

最強【さいきょう】⓪(名) 最強

冷める【さめる】②(自一) 减退;变冷

達人【たつじん】⓪(名) 高手;达观的人

生死【せいし】①(名) 生死,死活

原文翻译

幸福之人专注于事物的正面,不幸之人纠结于事物的反面。※和田秀树

(1960〜):精神科医生。日本大阪人。

常にありがたいと思う心を忘れない人には、ありがたいと思わざるをえないことがたえず起こる。感謝の波長を有している人には、それに同調してイヤでも感謝したくなるようなことが次々と生起してくる。結果いつも困難は避けられ願い事は叶う、そんな人生が可能になるのです。※塩谷信男(しおやのぶお,1902〜2008):医学博士。山形県生まれ。

コメント:「ありがたい」は「有難い」と書きます。滅多にない事として感謝する気持ちです。この気持ちの高まりが、「滅多にない良い事」をたくさん引き起こすようになります。するとその良いことが標準化してしまい、「有難い」とは思わなくなります。ここが注意点です。常に感謝の気持ちを忘れないように。

基本語彙

波長【はちょう】⓪(名) 波长

有する【ゆうする】③(他サ) 拥有,有

同調【どうちょう】⓪(自サ・名) 同一步调;调准音调

次々【つぎつぎ】②(副) 接二连三,纷纷

生起【せいき】①(自サ・名) 发生,产生

願い事【ねがいごと】⓪④⑤(名) 心愿,愿望

滅多に【めったに】①(副) 不常;稀有

引き起こす【ひきおこす】④(他五) 引起;扶起

標準【ひょうじゅん】⓪(名) 标准

 跟我来ついてこい

1.「滅多に～ない」句型,表示某事发生的次数非常少,意为"不多见""很少"。此外,还有「～は滅多にない」的形式。

　　◇うちの子は丈夫で滅多に病気もしません。/我家孩子身体结实,绝少生病。

原文翻译

　　感恩的人总是喜事不断。牢记"感谢"的人身上同样值得感谢的事情会层出不穷。其结果是战胜困难,梦想成真的人生得以实现。※盐谷信男(1902～2008):医学博士。日本山形县人。

　　辛い日々を送ってきた人にとって、何事も起こらない平穏な一日は、限りなくありがたいものです。平穏な日々は、当たり前ではなく「恵み」です。それを感じ取る力を育てることが、人間を成長させ、幸福にするのではないでしょうか。※鈴木秀子。

　　コメント:平穏な日々は誰にとってもありがたいものです。「退屈だ」などと言わないで、その安定感に浸ってみましょう。眠るのもよし、何かに専念にするのもよし。そうすれば取るに足らないと思っていた「平穏」が、実は幸福の一つの形であることに気がつくでしょう。

基本語彙

平穏【へいおん】⓪(形動・名) 平稳,平安

限りない【かぎりない】④(形) 无比的,无限的

恵み【めぐみ】③(名) 恩惠,施舍

感じ取る【かんじとる】④(他五) 感到

退屈【たいくつ】⓪(形動・自サ・名) 无聊,厌倦
安定【あんてい】⓪(名・自サ) 稳定,安定
浸る【ひたる】⓪②(自五) 沉浸,泡
眠る【ねむる】⓪(自五) 睡觉;长眠
専念【せんねん】⓪(名・自サ) 一心一意,专心致志
足る【たる】⓪(自五) 值得;足够

解説
跟我来ついてこい

1.「日々を送る」惯用语,意为"度日",与前面出现过的「日々を過ごす」含义相同。
　◇明るい日々を送るには、毎日元気よく頑張らなければなりません。
/为了快乐地生活,就得每天精神百倍地努力奋斗。

2.「〜に専念にする」惯用表达,意为"对……专心致志"。也说「〜に専念する」。
　◇彼女は結婚してから、仕事をやめて子育てに専念しているそうです。/听说她结婚后辞去工作一心一意抚育孩子。

3.「取るに足らない」惯用语,意为"不值一提""微不足道"。为文语表现,现代日语则为「取るに足りない」。
　◇くよくよしないでくださいよ。そんな失敗なんて取るに足りないことですから。/别泄气。这点儿失败不足为道。

原文翻译
　　对于艰难度日的人来说,平安无事的一天弥足珍惜。安稳日子并非理所当然,那是一种"恩惠"。培养感受这种恩惠的能力不正可以使人成长、让人幸福吗?
※铃木秀子。

「悲しい」という意味づけをしているのはすべて自分です。「嬉しい」と色をつけるのも自分次第です。※小林正観。

コメント：＜出来事⇒感情＞という図式は妄想です。＜失恋＝悲しい＞や＜失敗＝絶望＞という一般的な反応に流されないためには、＜出来事⇒思考⇒感情＞という図式を新たに構築する必要があります。そしてこの「思考」に明るく前向きな方向性を設定してください。これが成功すれば、幸せも全自動です。

基本語彙

図式【ずしき】⓪（名）图表，图式

妄想【もうそう】⓪（名・他サ）痴想，胡思乱想，邪念

失恋【しつれん】⓪（名・自サ）失恋

絶望【ぜつぼう】⓪（名・自サ）绝望

新た【あらた】①（形動）重新；新

構築【こうちく】⓪（他サ・名）构筑，建筑

全自動【ぜんじどう】③（名）全自动

解説
跟我来ついてこい

1.「～づける」接尾词，接在名词后构成复合动词，意为"赋予""使建立"。如元気づける（赋予勇气）、特徴づける（赋予特征）等。

◇季節に対する敏感さは、ほとんどすべての日本人を特徴付けると言っても良いです。/可以说，对于季节的敏感几乎是所有日本人的特征。

2.「色をつける」惯用语，意为"上色"，引申可表示"减价""让价"。

◇A：もう少しなんとか色をつけられませんか。

B：じゃあ、百円おまけいたしましょう

A:再让点儿？

B:好吧,便宜你100日元。

3.「新た」形容动词,只有「新たな」和「新たに」两种形式,不能作谓语。一般作书面语,而含义近似的形容词「新しい」在口语和文章中均可使用。另外,「新しい」可用于表现刚刚出现的事物,即着眼于距离现在或说话的时间不长的情况下,但「新た」没有此用法。

◇21世紀には、我が国の科学技術は新たな飛躍(ひゃく)をするはずです。/在二十一世纪,我国的科学技术会出现一个新的飞跃。

原文翻译

怎样定义"悲伤"完全取决于自己。同样,如何涂染"喜悦"之色也得依你而定。※小林正观。

能力・仕事

始まりは、どんなものでも小さい。※キケロ(紀元前106〜紀元前43)：ローマの哲学者。

コメント：良いことも悪いことも、最初は小さなきっかけから始まります。だから小さなことだからと見過ごさないで、意識を傾けてみましょう。小さなわずかなことに気がつけるかどうかで、その先が決まってきます。

基本語彙

きっかけ⓪(名) 时机，契机，机缘

見過ごす【みすごす】⓪(他五) 忽视，置之不问

わずか①(形動・副) 一点点，少

「先が決まる」慣用語，意为"决定将来的命运"。此处的「先」表示"未来""前途"等含义。

◇与えられた仕事をうまくできるかによって、会社での先が決まります。/在公司的前途如何，要看能否顺利完成指定的工作。

万事始于小，细节定成败。※马库斯·图留斯·西塞罗(Marcus Tullius Cicero，公元前106〜公元前43)：罗马哲学家。

「何か良いアイデアはないか」と、人はインスピレーションを外に求めがちです。しかし私は、内に求めます。自分が今やっている仕事の可能性をとことん追求して、改良を加えていくと、想象もつかないような大きな革新を図ることができるのです。※稲盛和夫

コメント:自分の中にすべての答えがあると考えてみるのも一興です。そうすれば、外の世界を無駄に探し歩かなくてもよくなります。自分の全精力を仕事に傾注させたとき、すばらしいアイデアがやって来てくれるでしょう。

基本語彙

求める【もとめる】③(他一) 寻求,追求

改良【かいりょう】⓪(名・他サ) 改良

革新【かくしん】⓪(名・他サ) 革新

一興【いっきょう】⓪(名) 一种趣事,一种乐趣

精力【せいりょく】①(名) 精力

傾注【けいちゅう】⓪(他サ・名) 贯注,倾注

1.「想象もつかない」慣用語,意为"无法想象"。経常后接比況助動詞「よう」表示程度高。

　◇それはどんなものか、全く想象がつきません。/完全想象不出那是个什么样的东西。

2.「革新を図る」慣用語,意为"谋求革新"。

　◇新商品、新サービスの開発等を行うことにより経営革新を図ります。/谋求经营改革要靠创新,开发新产品,开辟新的服务领域。

原文翻译

人们动辄去外部找灵感，以为会有什么良方，但我则在内部寻求。只要对现在的工作锐意进取、大胆改革，就可以带来意想不到的大变革。※稲盛和夫。

つまらない仕事はありません。仕事をつまらなくする考え方があるだけです。意味のない仕事はありません。意味のない仕事にしてしまう考え方があるだけです。※福島正伸（ふくしままさのぶ、1958～）：アントレプレナーセンター社長。東京都生まれ。

コメント：仕事は会社から与えられます。そこに自由はありません。しかしその仕事をどう捉え、どうやっていくかは本人の自由です。仕事に意義を見出し、創意工夫して取り組めば、楽しくならないはずがありません。

基本語彙

アントレプレナー⑥【entrepreneur】（名）企业家

意義【いぎ】①（名）意义，价值

「～を～にする」句型，意为"使……成为……"。含有人为因素。如果是自然形成的，则用「～が～になる」表示。

◇子供を医者にしたいと思っています。/我打算把孩子培养成一名医生。

原文翻译

没有乏味的工作，只有让工作变得乏味的心态。没有无意义的工作，只有令工作失去意义的心态。※福島正伸（1958～）：Entrepreneur Center 企业家培训中心总经理。日本东京人。

天職とは、「天から与えられた仕事」ではありません。どのような仕事でも10年ないし15年ひたむきに取り組み、人から感謝されるようになって自分自身も楽しくなったときに、その仕事を「天職」と思うしかないのです。※小山政彦（こやままさひこ，1947～）：船井総合研究所代表取締役。東京都生まれ。

コメント：天職とは自分の天性にあった仕事です。しかし長い間、一つの仕事に熱心に取り組むと、熟達していき、人から感謝されることも多くなります。天性があるかどうかも大切ですが、自らの手で天職を創り上げていくという姿勢もまた重要です。

基本語彙

天職【てんしょく】①（名）天职，神圣职务

ないし【乃至】①（接）乃至；或者

ひたむき⓪（形動）一个劲儿，专心

熱心【ねっしん】①③（形動・名）热心，热情

熟達【じゅくたつ】⓪（自サ・名）熟练，精通

創り上げる【つくりあげる】⑤（他一）做出，塑造出

解説
跟我来ついてこい

1.「ないし」接续词，表示"范围"或"选择"，意为"乃至""或者"。书面语。
　　◇この仕事は、三日ないし四日かかります。/这工作得花三、四天。

2.「天性にあう」惯用语，意为"符合天性""与性格相配"。
　　◇このやり方が彼の天性にあっているのですよ。/这种做法正符合他的天性啊。

3.「～に取り組む」慣用表达，意为"致力于……"。
◇あの教授は長い間日本の古典文学の研究に取り組んできました。
/那位教授长期以来致力于日本古典文学的研究。

原文翻译

天职非"天授"。无论何种工作，当你潜心钻研10年乃至15年，在得到别人感谢的同时自己也为此感到快乐，即为"天职"。※小山政彦（1947～）：船井综合研究所董事长。日本东京人。

ドデカい仕事で成功できる人は、小さなつまらない仕事にも全力で尽くした人です。小さな舞台だからといってバカにせずに、その小さな場所でGOODになれた人です。「ちっぽけなこんな場所」だからこそ、まずはここでGOODになるべきなんです。※石井裕之（いしいひろゆき，1963～）：セラピスト。東京都生まれ。

コメント：技術や手順や時間配分を考えて事務室を掃除する人は、大きな商談もうまくまとめられるでしょう。小さな仕事を複雑化、巨大化したものが大きな仕事です。ならば小さな仕事から最大限の有用な知識を得るべきなのです。

基本語彙

ド（接頭）（加强词意）非常
デカい②（形）（俗）大的，好大的
全力【ぜんりょく】⓪（名）全力，全部力量
尽くす【つくす】②（他五）竭力，尽力
舞台【ぶたい】①（名）舞台
ちっぽけ③①（形動）（俗）极小，特小
手順【てじゅん】⓪①（名）（工作的）程序，步骤

配分【はいぶん】⓪（名・他サ）分配
掃除【そうじ】⓪（他サ・名）打扫，扫除
商談【しょうだん】⓪（名）商业谈判，贸易洽谈
まとめる⓪（他一）谈妥，解决
複雑【ふくざつ】⓪（名・形動）复杂
最大限【さいだいげん】③（名）最大限度

解説
跟我来ついてこい

1.「ドデカい」俗语，含义同「とても大きい」。其中「ド」为接头词，表示程度很高，意为"非常""不得了"，常用于修饰消极方面。
　　◇彼女の化粧はいつもド派手ですね。/她总是化着过于浓厚的妆。
2.「～に全力で尽くす」惯用表达，意为"全力以赴""效劳"。
　　◇いつまでもあなたのために全力で尽くします。/永远为你效劳。
3.「バカにする」惯用语，意为"小看""愚弄"。
　　◇老人だからと言ってバカにしないでください。/可别因为他是老人就不把他当回事儿哦。

原文翻译
　　能在重大工作中获得成功的人对待不起眼的小活儿也同样会全力以赴。他们能够在狭小天地里表现出色，不因舞台小而轻视它。正因为是"不起眼的小地方"，才应该首先在这里做好。※石井裕之（1963～）：心理治疗专家。日本东京人。

何があってもクサらずに、できることを前向きにやっていたら、誰かがどこかで見ていてくれるし、助けてくれます。仕事をしていくということは、他人との競争ではなく、自分との競争だと思います。※秋山をね（あきやまを

ね,1960～):インテグレックス代表取締役社長。東京都生まれ。

コメント:仕事において、敵は外ではなく自分の中にいます。前向きに取り組めるかどうか、失敗しても立ち直れるかどうか、が問われているのです。仕事へのひたむきな姿勢は、自然と他人からの共感や賛同を呼ぶでしょう。

基本語彙

クサる【腐る】②(自五) 消沉,灰心

競争【きょうそう】⓪(名・自サ) 竞争

敵【てき】⓪(名) 敌人

立ち直る【たちなおる】④⓪(自五) 恢复,重新站起来

共感【きょうかん】⓪(名・自サ) 同感,共鸣

賛同【さんどう】⓪(名・自サ) 赞同,赞成

原文翻译

　　无论发生什么都别灰心。只要你以乐观向上的态度做力所能及的事,就会有人在某处关注你,帮助你。做工作不是去和别人竞争,而是在和自己竞争。
※秋山One(1960～):Integrex股份有限公司总裁。日本东京人。

　　アマチュアではないので、勝つことだけが目標ではありません。プロとして自分がどういうプレーをするのかがすごく大事です。※イチロー。

　　コメント:アマチュアは自分のため勝負に臨み、勝つことだけを考えます。しかしプロは勝つことはもちろん、いいプレーを見せて客を魅了することを考えなければいけません。そのことがまた自分の技術を高めることにも繋がるのです。

基本語彙

アマチュア【amateur】⓪②(名)业余运动员，外行
臨む【のぞむ】⓪(自五)面临，面对
見せる【みせる】②(他一)给……看，展现
魅了【みりょう】⓪(他サ・名)倾倒，使人着迷

解説
跟我来ついてこい

1.「～に臨む」惯用表达，接体言后，意为"面对""莅临""负责"。此处表示"面临"。

◇危機に臨んで、沈着冷静です。/临危不乱。

2.「～はもちろん、～」句型，「は」前接体言，表示列举。该体言往往作为代表性的例子举出，后项多为其同类事项。意为"不用说……"。

◇彼は英語はもちろん、ドイツ語も日本語もできます。/英语当然不用说，他还会德语和日语。

原文翻译

我不是业余选手，所以单纯的胜利并非我追求的目标。作为职业选手，自己如何进行比赛才是头等大事。※铃木一朗。

私にとってよかったことは、自分が不器用だったことです。器用な人が一回で済むところを何回もやるのです。※森下洋子(もりしたようこ,1948～)：バレリーナ。広島県生まれ。

コメント：「多芸は無芸」です。多くの芸事に通じていると、かえって一つのことを深く極められないので、芸がないのと同じなのです。芸とは長い年月に渡って繰り返し練習することでようやく習得できるものです。だから

多くの場合、熟達した芸は一つしか持てません。

基本語彙

不器用【ぶきよう】②(形動・名) 笨拙；不得要领

器用【きよう】①(形動・名) 聪明，机灵

バレリーナ【ballerina】③(名) 芭蕾舞女演员

多芸は無芸【たげいはむげい】(諺) 鹜广而荒，百艺通不如一艺精

芸事【げいごと】⓪③④(名) (三弦、舞蹈等)技艺

極める【きわめる】③(他一) 达到极限，攀登到顶

ようやく⓪(副) 好不容易，勉强

習得【しゅうとく】⓪(他サ・名) 学会，掌握

解説
跟我来ついてこい

1.「多芸は無芸」谚语，意为"百会百穷""样样都会，样样稀松"。

　◇「多芸は無芸」と言われるように、いろいろ手を出したが、人に自慢できるものは何もありません。／常言道："多才即无才"，尽管小露几手，可像样的还是没一个。

2.「～に通じる」惯用表达，意为"对……熟悉""对……精通"。

　◇彼は日本語に通じています。／他精通日语。

3.「芸がない」惯用语，意为"没有技艺""平庸""毫无意思"。此处表示"无一技之长"。

　◇あの男はなんの芸もありません。／那个人百无一能。

原文翻译

　　就我而言，值得庆幸的是自己曾经愚笨得很，因此聪明人一次就能搞定的事情，我却要反复做好多次。※森下洋子(1948～)：芭蕾舞女演员。日本广岛县人。

足りないものが分かれば、それを埋めることを考えればいい。何も分からないより、よっぽどすばらしい。※中村俊輔(なかむらしゅんすけ,1978〜):サッカー選手。神奈川県生まれ。

コメント:現状を正しく見極めることは、時に辛い作業となります。自分の欠点や無能さを知ることに繋がるからです。しかし、そこから不備な点をどう補えばいいか考えられる人が伸びていきます。

基本語彙

埋める【うめる】⓪(他一) 弥补,补足

よっぽど⓪(副)(「よほど」的音便,口语)很,相当

サッカー[soccer]①(名) 足球

横浜【よこはま】⓪(名) 横滨(市)(位于日本神奈川县东部、东京湾边)

現状【げんじょう】⓪(名) 现状

見極める【みきわめる】④⓪(他一) 看透,辨别

欠点【けってん】③(名) 缺点

無能【むのう】⓪(形動・名) 没本事,没有能力

不備【ふび】①(形動・名) 不完备,不完全

補う【おぎなう】③(他五) 弥补,填补

解説
跟我来ついてこい

1.「よっぽど」是「よほど」的口语。意思为"很""大量"。常用于比较句型中。类似的说法有「かなり」「相当」。

◇今日は昨日よりよっぽど暑いです。/今天比昨天热得多。

原文翻译

知道不足之处,想着补上就行,这可比一无所知要强很多。※中村俊輔

（1978～）：足球运动员。日本神奈川县人。

　　いい仕事をするためのポイントは実にシンプルです。やりたい仕事をすること。「これをやりなさい」と言われた仕事では、いい仕事はできません。

※渡辺美樹（わたなべみき,1959～）：実業家。神奈川県生まれ。

　　コメント：やりたくない仕事には気持ちが入りません。だから仕事の成績もよくなりません。反対に好きな仕事には自ずと積極的になり、創意工夫を凝らし、いい仕事ができます。今の仕事を好きになるか、または好きな仕事を新しく探すか。どちらかです。

基本語彙

実に【じつに】②（副）确实；竟
シンプル【simple】①（形動）简单；简朴
自ずと【おのずと】⓪④（副）自然而然（地）
こらす【凝らす】②（他五）凝集，集中

 解説
　　　跟我来ついてこい

1.「気持ちが入る」慣用語，意为"中意""进入做某事的心理状态"。
　　◇彼女のこの作品はとても気持ちが入っていて素敵です。/这个作品真棒！她在这个作品中投入了整个身心。

2.「工夫を凝らす」慣用語，意为"绞尽脑汁找窍门""下工夫"。
　　◇文全体の構成については、少し工夫を凝らす必要

があります。/在文章整体结构方面应该再下点儿功夫。

原文翻译

做好工作的要领其实很简单，就是做自己想做的事情。被人指派做的工作是做不好的。※渡边美树（1959～）：实业家。日本神奈川县人。

11

大変な仕事だと思っても、まず、とりかかってごらんなさい。仕事に手をつけたら、それで半分の仕事は終ってしまったのです。※アウソニウス（310～393）：ローマの詩人。

コメント：大変な仕事だと思うのは、あくまでも想像です。仕事を始めてみると、思っていたより大変でないことに気づきます。想像は時に人を惑わしますから、振り回されないように注意してください。

基本語彙

とりかかる【取り掛かる】④⓪（自五）着手，开始

半分【はんぶん】③（名）一半

あくまで【飽くまで】②①（副）到底，始终

惑わす【まどわす】③（他五）蛊惑，扰乱

振り回す【ふりまわす】④（他五）摆布；滥用

解説
跟我来ついてこい

「手をつける」慣用語，意为"着手做"。

　　◇今は日本の方言研究に手をつけているのです。/现在着手进行日本方言的研究。

原文翻译

即便是觉得棘手的工作，你也不妨先尝试一下。一旦着手做，那就意味着

完成了一半。※奥索尼厄斯(Ausonius,310～393):罗马诗人。

　　私は部下に大いに働いてもらうコツの一つは、部下が働こうとするのを、じゃましないようにするということだと思います。※松下幸之助。

　　コメント:上司の目から見て、部下が働くことに意欲的ではないと思っても、部下は部下なりに考えています。余計な注意や指示はかえって意欲を殺いでしまいます。大切なのは部下を信頼し、仕事を任せることです。

基本語彙

　　じゃま【邪魔】⓪(他サ・名・形動) 妨碍,阻碍

　　意欲【いよく】①(名) 热情,积极性

　　指示【しじ】①(名・他サ) 指示,命令

　　殺ぐ【そぐ】①(他五) 挫伤,消减

　　信頼【しんらい】⓪(他サ・名) 信赖,信任

　　任せる【まかせる】③(他一) 托付

　　「意欲を殺ぐ」慣用語,意为"挫伤积极性"。

　　◇親に叱られてばかりいる子供は勉強意欲を殺がれてしまいます。
　　/常被父母训斥的孩子学习积极性会受到挫伤。

原文翻译

　　我认为让员工更有成效地为你工作的秘诀之一,就是不要妨碍员工做他想做的事情。※松下幸之助。

　私は起業家という言葉をいつも拒否してきました。「会社を始めよう、何の会社にしようか」では決して成功はないと思います。私は何よりもまずソフトウェアの開発者なんです。※ビル・ゲイツ(1955～):マイクロソフト創始者。アメリカ人。

　コメント:器と中味があります。大切なのは中味で、器はただの入れ物です。中味を創り上げればそれに相応しい器が自然と決まります。その順番を逆にしてはいけません。入れ物だけ見栄えがよくて肝心の中味が乏しいなら、誰も欲しいと思いません。

基本語彙

拒否【きょひ】①(他サ・名) 拒绝,否决
ソフトウェア【software】④(名) 软件
開発【かいはつ】⓪(名・他サ) 开发,研制
マイクロソフト【microsoft】⑤(名) 微软(公司)
創始者【そうししゃ】③(名) 创始人
器【うつわ】⓪(名) 容器,器皿
中味【なかみ】②(名) 容纳的东西,内容
入れ物【いれもの】⓪(名) 容器,器皿
相応しい【ふさわしい】④(形) 适合,相称
順番【じゅんばん】⓪(名) 顺序
見栄え【みばえ】⓪③(名)(外表) 好看,美观
肝心【かんじん】⓪(名・形動) 最重要,关键
乏しい【とぼしい】③(形) 缺乏

解説 跟我来ついてこい

1. 「～にする」句型，接体言或名词句后，表示"选定"。需灵活翻译。
    ◇今度のキャプテンは山田さんにしましょう。/这次的队长就选山田吧。
2. 「何より(も)」副词，意为"最重要""最好"，其中「も」起到强调的作用。与「まず」合用，意为"首先""最初"。
    ◇彼のやさしい言葉が何よりも嬉しかったのです。/最使我高兴的是他那种亲切的话语。
3. 「～に相応しい」惯用表达，意为"与……相适应""适合于……"。
    ◇それは彼に相応しい仕事です。/那对于他是很合适的工作。
4. 「見栄えがよい」惯用语，意为"美观""好看"。
    ◇このようなルールを学ぶことによって、ある程度見栄えのよい資料が作れるようになります。/通过学习这样的规则，在某种程度上能够设计出外观精美的资料来。
5. 「中味が乏しい」惯用语，意为"缺乏内涵"。
    ◇この読書感想文は中味が乏しいので、点数が非常に低くなるでしょう。/这个读书心得缺乏内涵，分数会很低吧。

原文翻译

我一直排斥"创业者"这个词，如果一味地想着"我要开公司，开个什么样的公司"是绝对不会成功的。我首先是一名软件开发员。这个最重要。※比尔·盖茨(Bill Gates,1953～)：微软创始人。美国人。

自分に合う仕事なんかないですよ。自分が仕事に合わせなきゃいけないでしょう。まるで経験のない人が、アレもダメ、コレもダメといっていたら、

やる仕事なんてありませんよ。だから仕事というのは、与えられたらそれが天職だと思って、一生懸命修行すればいいと思います。そうすれば誰だって一人前になりますよ。※小野二郎(おのじろう,1925～):「すきやばし次郎」店主(出身地不明)。

コメント:不景気な時代には就職も難しくなります。だからこそ、その時代に得られる仕事には運命的な何かがあると思います。運命を感じて、取りかかってみましょう。「運命の出会い」というのは男女間の専売特許ではありません。

基本語彙

まるで③⓪(副) 完全;好像

一人前【いちにんまえ】⓪(名) 够格的人;成人;一人份

すきやばし【数寄屋橋】③(名) 数寄屋橋(位于东京都千代区和中央区交界处的桥)

就職【しゅうしょく】⓪(名・自サ) 就职,就业

男女【だんじょ】①(名) 男女

専売特許【せんばいとっきょ】⑤(名) 专利,专利权

解説 跟我来ついてこい

1.「～なきゃいけない」句型,是「なければいけない」的口语,其中「きゃ」由「ければ」约音而成。

　◇もっと自分を大切にしなきゃいけませんよ。/你应该更加爱惜自己啊。

2.「まるで」副词,此处伴随否定形或否定意思的表达方式,意为"全然不……""完全不……""一点不……"。

　◇私は外国語はまるで駄目なんです。/我对外语一窍不通。

3.「～だって」提示助词,是「でも」的口语,语气较随便。此处接疑问词,意为"无论多么……全都……",即全面肯定的意思。

　◇どんなにつらいときだって、泣いたことはありません。/无论多么痛

苦的时候都不曾哭过。

原文翻译

世上可没有正好适合自己的工作哦,只能你去适应工作。毫无工作经验的人如果说这也不会那也不行,那就没有他能干的活了。因此所谓工作,就是一旦接受下来就把它看作天职,只要潜心苦练就OK了。那样的话任何人都会成功的。※小野二郎(1925～):"数寄屋桥次郎"日本料理店老板。(出生地不详)

どんなジャンルの仕事でも、その道を究めるプロフェッショナルには「目配り」「気配り」「心配り」が必要です。相手を観察する「目配り」、相手の気持ちを読む「気配り」「心配り」が必要です。この三つを兼ね備えているのが、その道の達人だと思います。※小林正観。

コメント:プロとは、ある物事を職業として行う人のことです。ピアニスト、サッカー選手、画家などがいるでしょう。しかしこれらの専門的な仕事でも、様々な面で、他の人との関わりが大切なのです。ピアニストが人の感情を無視してピアノだけ弾いても、音楽は会場の隅で孤独にさまようばかりです。

基本語彙

ジャンル【genre】①(名) 种类,体裁,流派
究める【きわめる】③(他一) 穷其究竟,彻底查明
プロフェッショナル【professional】③(名・形動) 专业(的),职业(的)
目配り【めくばり】②(名・自サ) 留意,四处张望
気配り【きくばり】②(名・自サ) 照顾,关照
心配り【こころくばり】④(名) 关怀,操心
兼ね備える【かねそなえる】⑤(他一) 兼备

職業【しょくぎょう】②（名）职业
ピアニスト【pianist】③（名）钢琴家
関わり【かかわり】⓪（名）关系，瓜葛
ピアノ【piano】⓪（名）钢琴
弾く【ひく】②⓪（他五）弹奏
会場【かいじょう】⓪（名）会场
隅【すみ】①（名）角落，边上
孤独【こどく】⓪（形動・名）孤独
さまよう【彷徨う】③（自五）彷徨，流浪

解説　跟我来ついてこい

「〜を〜とする」句型，意为"把……看成……""把……假定为……"。有将该事物看成不同的事情或以别人的行动和方法为榜样，决定把该行动作为习惯等意。其中「と」有时可替换成「に」，但用于比喻时则不行。

　　◇芭蕉は人生を旅として生きました。（×に）/（松尾）芭蕉把人生视为旅途。

原文翻译

　　不管是哪个领域的工作，作为探究其道的专业人士不可缺少的是"眼到""想到"和"心到"。即需要观察对方的"眼光"、读懂对方所思所想的"无微不至"和"心领神会"。具备这三点的人才堪称该领域的高手。
※小林正观。

人間関係

　信頼とは、賭けることです。裏切られてもいい。相手にされなくてもいい。結果がどうなろうと関係がない。ただ、一途に、と言うと、なんとなくストーカーみたいな感じですが、覚悟を決めてなにかを、誰かを信頼する。それしかないような気がします。※五木寛之(いつきひろゆき,1932～):小説家。福岡県生まれ。

　コメント:例えば見知らぬ人が「とても困っている。1万元貸して欲しい。絶対明日返す」と言ってきたらどうしますか。嘘か本当か分かりません。だから信頼するには覚悟が必要なのです。しかしもし、人が自分の信頼に応えてくれたら、こんなに嬉しいことはないでしょう。

基本語彙

　賭ける【かける】②(他一) 赌博
　裏切る【うらぎる】③(他五) 辜负,背叛
　一途【いちず】②(形動) 一味,专心
　ストーカー【stalker】②(名) 跟踪狂,骚扰者
　福岡【ふくおか】⓪(名) 福冈(县)(位于九州地区北部)
　見知らぬ【みしらぬ】⓪(連語) 陌生的,未见过的
　応える【こたえる】③(自一) 响应,反应

解説
跟我来っぃてこぃ

1.「相手にする」慣用語,意为"共事""理睬对方"。

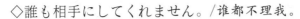

◇誰も相手にしてくれません。/谁都不理我。

2.「～みたいだ」形容动词型比况助动词，口语有时省略「だ」。「みたいだ」接活用词终止形（形容动词词干）和体言后，表示不确定的判断或推测，还可以表示比喻和举例说明。此处表示举例说明。

◇王さんみたいに日本語が上手になりたいです。/我想象小王那样日语学得很棒。

3.「絶対」副词，除了用于否定之外，还可以表示强烈的肯定语气。

◇今度は絶対(に)勝ってみせます。/这次我一定要赢给你们看看。

4.「～に応える」惯用表达，意为"响应""报答"。

◇親の期待に応えて、この有名な大学に入りました。/没有辜负父母的期望，考入了这所名牌大学。

原文翻译

所谓信任就是赌博。遭受背叛也好，不被认可也罢，无论结果如何都无所谓。说到底，感觉就像狂热追随者那样，下定决心相信某事或某人。我认为除此之外别无他法。※五木寛之(1932～)：小说家。日本福冈县人。

日本であろうと、どこの国であろうとも、人間が人間らしい営みをするためにもっとも欠かすことができないのが人間と人間の信頼です。「あの人間は信用ができる」と言われることがどんなに大事なことか。目先の大きな利益が自分のものになってもだれかが「あいつはずるい人間だ」と心に思い、信用がおけないと言われたら大変な損です。信用は自らが築くものです。毎日毎日、誠意をもって。※鈴木清一(すずきせいいち，1911～1980)：ダスキン創業者。愛知県生まれ。

コメント：法律は様々な問題を客観的、合理的な立場から解決してくれます。しかし人と人が付き合う中で起こる感情、例えば悲しさや怒りなどは、

法律の範囲外です。それらは自分で解決しなければいけません。楽しく充実した生活を送るには、人との暖かい交流が必要で、「信用」はそうした交流の基盤となるものなのです。

基本語彙

営み【いとなみ】④④③（名）营生，工作

欠かす【かかす】⓪（他五）缺少；遗漏

信用【しんよう】⓪（名・他サ）相信，信任

目先【めさき】③⓪（名）眼前

ずるい②（形）狡猾

築く【きずく】②（他五）建立，(逐渐)形成

誠意【せいい】①（名）诚意，诚心

法律【ほうりつ】⓪（名）法律

合理的【ごうりてき】⓪（形動）合理的

付き合う【つきあう】③（自五）交际，交往

基盤【きばん】⓪（名）基础

解説
跟我来ついてこい

1.「～であろうと、～であろうと(も)」句型，一般用于书面语或较为正式的谈话，意为"无论……还是……"，多接名词，也可以接形容词或形容动词，接形容词时的形式为形容词词干＋「かろうと」。

　◇雨であろうと、雪であろうと、試合は予定通りに行います。／无论下雨还是下雪，比赛都如期举行。

2.「らしい」形容词型活用的接尾词，接名词后，表示主体充分具备该名词所表达的特性、样式或气质等，意为"像样的""像……样"。

　◇この町には公園らしい公園はありません。／这个小城没有像样的公园。

原文翻译

　　无论日本还是其他国家，人们在维系正常的人际关系过程中，最不可缺少的就是信任。被人认为"他值得信赖"是多么重要啊。即使眼前可获得一己的巨大利益，但如果被认为"那家伙狡猾"不可信，那损失就惨重了。信誉要靠自己创造，每天都要虔诚以待。※铃木清一（1911～1980）：Duskin Co. Ltd 租赁公司创始人。日本爱知县人。

　　歳を取ることで、それまで見えなかったものが見えてくることがあります。人間関係で悩んでいる人は、他人との折り合いの悪さで悩んでいるのではありません。自分との折り合いの悪さで悩んでいるのです。※ジョセフ・マーフィー。

　　コメント：自分の中には長所と短所があります。いくら短所を忌み嫌い無視しても、自分の一部ですので、葬り去ることは不可能です。抑圧された短所は、自然と他人に投影され、自分の前に姿を現わしてきます。人間関係の悪さは問題ではありません。これは、自分を丸ごと受け入れていない、という個人的な問題なのです。

基本語彙

歳を取る【としをとる】(慣) 上年纪，年长

折り合い【おりあい】⓪(名) 相处，相互关系

長所【ちょうしょ】①(名) 长处

短所【たんしょ】①(名) 短处

忌み嫌う【いみきらう】①(他五) 忌讳，讨厌

一部【いちぶ】②(名) 一部分

葬り去る【ほうむりさる】⑤(他五) 遮掩，秘而不宣

抑圧【よくあつ】⓪(他サ・名) 压制，压抑

投影【とうえい】⓪(他サ・名) 投影,反映
現わす【あらわす・表(わ)す】③(他五) 现出；表现
丸ごと【まるごと】⓪(副) 整个,全部
個人【こじん】①(名) 个人

解説
跟我来ついてこい

1. 「歳を取る」惯用语,意为"上年纪""年长"。
   ◇歳を取ったせいで、目がよく見えなくなりました。/由于上了年纪的关系,眼睛不好使了。
2. 「姿を現わす」惯用语,意为"露面""显露"。
   ◇昨日のパーティーに彼は突然姿を現わしました。/昨天的晚会上他突然造访。

原文翻译
随着年龄的增长,之前看不明白的东西现在看清了：因人际关系而苦恼的人,其实他愁的不是与外人打交道的低能,而是苦于跟自己打交道的低能。※约瑟夫·墨菲。

自分の妻や夫を自分の好みに変えようなどと思うことは、相手の人格を無視した行為であることを知る必要があります。※ジョセフ・マーフィー。

コメント：許されるのは、恋人の髪型や服について自分の好みをいうまででしょう。相手の人格を変えるのは侵略行為であり、そもそも不可能です。人は自分が変わりたいと思わない限り変わりません。

基本語彙
妻【つま】①(名) 妻子

夫【おっと】⓪（名）丈夫
好み【このみ】①③（名）爱好，喜好
人格【じんかく】⓪（名）人格
行為【こうい】①（名）行为
許す【ゆるす】②（他五）允许
髪型【かみがた】⓪（名）发型
侵略【しんりゃく】⓪（名・自他サ）侵略

原文翻译

有一件事有必要弄清楚，就是试图根据自我喜好改造自己的妻子或丈夫的做法都是无视对方人格的行为。※约瑟夫・墨菲。

人間は誰でも自分が一番大切なのです。そして、そのことを本当に自覚した人間だけが、自然なかたちで他人を大切に思うことができる。※五木寛之。

コメント：自分を突き詰めていくと、自分と他人が同一になります。利己主義の極限から博愛主義への転換が生じます。地球上に無数の人間がいますが、根元は一つなのです。

基本語彙

かたち【形】⓪（名）样子，形状；姿态
利己主義【りこしゅぎ】③（名）利己主义
極限【きょくげん】⓪③②（名）极限，最大限度
博愛主義【はくあいしゅぎ】⑤（名）博爱主义
転換【てんかん】⓪（名・自他サ）转变，转换
地球【ちきゅう】⓪（名）地球

無数【むすう】②◎（名・形動）无数

原文翻译

任何人都觉得自己才是最重要的。但只有看透这一点的人，才能够以一种自然的方式关爱他人。※五木宽之。

人と人との間に起こる問題のほとんどは、誰しもがまず他人を変えようとするところから発生するのです。※ロバート・コンクリン（1923～1996）：アメリカの生涯教育家。

コメント：自分と合わない人と一緒に仕事するのは苦痛です。人は変えられないのに、変えようとするのは無駄な努力です。かといって我慢し続けるのも限界があります。唯一の方法は、その人に対する自分の考えや価値観を変えることです。実はこれがもっとも確実で手っ取り早い解決方法なのです。

基本語彙

誰しも【だれしも】①（連語）（「だれも」的强调语）谁都，不论谁
生涯【しょうがい】①（名）终生，一生
我慢【がまん】①（他サ・名）忍耐，忍受
手っ取り早い【てっとりばやい】⑥（形）简单的，省事的；麻利的

 解説
跟我来ついてこい

「かといって」连语，承接前项，后项给出不同的论述。意为"话虽如此，但……"。

◇このままでは勝ち目はありません。かといって、ここで引き下がるわけにはいきません。/就这个样子的话，的确看不到赢的希望，那也不

能因此就夹着尾巴溜走吧。

原文翻译

人与人之间产生的冲突，大多源于谁都想先改变对方。※罗伯特·肯克林（Robert Conklin,1923～1996）：美国终生教育专家。

人間なんて本当にどうしようもないものなんだ、という認識が基本になければいけないんだと思います。※山田太一（やまだたいち，1934～）：脚本家。東京都生まれ。

コメント：人間を欠点だらけの存在と見なすと、どんな人に出会っても驚かないし、失望することもありません。そしてわずかでも長所が発見できたら、人間らしさを感じ、その人とうまくやっていけます。こういう認識が持てれば人間関係で悩むことも減ります。

基本語彙

脚本家【きゃくほんか】⓪（名）剧作家

減る【へる】⓪（自五）减少

解説
跟我来ついてこい

1.「どうしようもない」惯用语，意为"毫无办法""无法挽救"。可将其分解为「どう＋しよう＋も＋ない」，即疑问词「どう」接「も」再与否定词呼应构成全部否定，其中「よう」是意志助动词。

◇それが仮に真実だとしても、今となってはどうしようもありません。/即使那是事实，现如今也无济于事了。

2.「～ものだ」句型。之前我们学过形式体言「もの」表示"真理性事物"的用法，此处的「もの」表示"感慨""咏叹"。

◇昔のことを思うと、いい世の中になったものだと思います。／一想到过去,就会觉得如今真是好世道啊。

3.「～を～と見なす」惯用表达,接名词或形式名词,意为"把……看作……"。由此可以引申表示假设的含义。

◇人生を旅と見なします。／把人生看作旅行。

原文翻译

我们必须具备这样基本的认识:即人无完人。※山田太一(1934～):剧作家。日本东京人。

あなたの嫌いな人、煙たいと思う人は、神様があなたに何かを伝えたくてわざわざあなたの元へ送ったメッセンジャーだとします。そのメッセージは一体なんだと思いますか？それは、あなたが将来もっと心豊かに生きるために、今、気づいておいたほうがいいことなのかも知れません。※波登かおり(なみとかおり,1963～):波登チャージング学院代表。東京都生まれ。

コメント:自分が嫌いな人というのは、結局のところ、その人の性格が自分の価値観や主義と合致していないからです。それだけのことです。嫌いな人との付き合いを通して、自分の心のキャパシティーを拡大してください。豊穣な価値観や無数の主義は憎らしい人への愛さえ生みだします。

基本語彙

煙たい【けむたい】③⓪(形)难以接近的,令人不舒服的;烟雾弥漫的

わざわざ【態々】①(副)特意;故意地

メッセンジャー【messenger】③(名)使者,信使

一体【いったい】⓪(副・名)究竟;一体

チャージング【charging】⓪①(名)管理;控告;冲撞

合致【がっち】⓪①(自サ・名)一致,符合

キャパシティー【capacity】②(名) 容量；能力，身份
拡大【かくだい】⓪(他自サ・名) 扩大，放大
豊穣【ほうじょう】⓪(形動・名) 丰登，丰收
憎らしい【にくらしい】④(形) 讨厌的，可恨的；嫉羡的

解説
跟我来ついてこい

1.「わざわざ」副词，表示并不是顺便做的，而是专门为了这件事而做。还表示不是出于义务而是出于好意、善意、担心等才做的。多与「のだから」「のに」等一起使用。

　◇田中さんは私の忘れ物をわざわざ家まで届けてくれました。/田中特意把我忘的东西送到我家。

2.「一体」副词，用于疑问表达方式中，表示根本弄不清楚的强烈语气。「一体全体」的语气更强。

　◇一体あいつは今ごろどこで何をしているのでしょう。/那家伙现在究竟在什么地方，在做什么呢？

原文翻译

　　把你认为讨厌、可恶的人就看作是上帝为了传达某种信息而特意派到你身边的使者。你觉得那究竟会是什么信息呢？那也许是提醒你现在要注意的事情，以便将来能够以一种更加豁达的胸襟去生活。※波登薫(1963～)：波登管理学院代表。日本东京人。

仏教で「和顔愛語」という言葉があります。和やかな顔で、情を込めて語りかける。これはお布施のひとつなのだそうです。お布施とは、見返りを求めない善意のことです。人付き合いにおいては、この「和顔愛語」さえ心がけておけばよいでしょう。これだけで充分、「他人を喜ばせる」ことになり、ひいては

「他人から愛される」ことになるのです。※たかたまさひろ(1970〜):作家。山口県生まれ。

　コメント:人付き合いが苦手で、マニュアル本を読んだり、セミナーに通ったりして、時間とお金を使う人がいますが、節約と効率を大切にしてください。すなわち「和顔愛語」です。この一語を念頭に置いて人と接すれば万事順調です。

基本語彙

和やか【なごやか】②(形動) 安详,平静,和睦
情【なさけ】①(名) 感情,爱情
布施【ふせ】⓪②(名)(佛教)布施,施舍
見返り【みかえり】⓪(名) 回报,回顾;抵押(品)
心がける【こころがける】⑤(他一) 留心,注意
ひいては【延いては】①(副) 不仅……甚至,进而
マニュアル【manual】①(名) 手册,指南
セミナー【seminar】①(名) 研讨会;研究班课程
通う【かよう】⓪(自五) 上学,上班;通行
節約【せつやく】⓪(名・他サ) 节约
一語【いちご】②(名) 一句话;一个单词
念頭【ねんとう】⓪(名) 心头,心上
接する【せっする】⓪③(自他サ) 接触,碰到
万事【ばんじ】①(名) 万事
順調【じゅんちょう】⓪(形動) 顺利;如意

 解説 跟我来ついてこい

　1.「和顔愛語」佛教用语,日语中读作「わげんあいご」。表示劝告人们在处事待人接物方面要注意"和颜悦色",要以"温和的表情"和"动情的话语"去"关怀别人、劝勉别人、安慰别人、帮助别人"。
　◇今後は「和顔愛語」の精神を忘れず、努力していきたいと思います。

/今后我要牢记"和颜爱语"的精神继续奋斗下去。

2.「ひいては」副词,接续前文表示"那就是原因""进而"的意思。

◇今回の事件は一社員(いちしゃいん)の不祥事(ふしょうじ)であるばかりでなく、ひいては会社全体の信用を失わせる大きな問題であります。/这次事件不单单是一个员工不体面的事情,甚至是使整个公司丧失信用的大问题。

3.「～を念頭に置く」惯用语,接名词,意为"把……放在心上"。

◇人間は、自分に何ができるかではなく、自分は何が必要かということだけを念頭に置いているようです。/人好像并不去考虑自己能做什么,而只是专注于自己需要什么。

原文翻译

佛教中有个词叫"和颜爱语",即"用和蔼可亲的面孔和感人动听的话语来讲述"。听说这是布施的做法之一。所谓布施就是做不图回报的善事。在与人交往中只要注意到"和颜爱语"就没问题,仅此就足以令他人高兴,进而受到他人的喜爱。※Takada Masahiro(1970～):作家。日本山口县人。

夫婦や恋人同士のいさかいの多くは、「してあげたこと」と「してもらったこと」の不釣り合いへの不満から生まれます。誰でも、自分が人にしてあげたことは重大なことに感じますが、人にしてもらったことは軽くみてしまいがちですので、釣り合いがとれるはずがないのです。※たかたまさひろ。

コメント:人は、誰かに何かをしてあげたとき、「ありがとう」という言葉を期待するものです。そしてその言葉がなければ不愉快になります。つまりお礼の言葉が報酬になっているわけで、この意味で、人のための無償の行動というのは存在しません。相手があなたに何かをしてくれたなら、最低限、感謝の気持ちと言葉という報酬を与えなければなりません。

基本語彙

夫婦【ふうふ】①（名）夫妻，夫妇
同士【どうし】①（接尾）一伙，彼此
いさかい【諍い】⓪（名）争论，口角
釣り合い【つりあい】⓪（名）平衡，相称；般配
不満【ふまん】⓪（名・形動）不满，不满足
重大【じゅうだい】⓪（形動）重大；重要
不愉快【ふゆかい】②（形動・名）不愉快，不高兴
報酬【ほうしゅう】⓪（名）报酬
無償【むしょう】⓪（名）不计报偿；免费
最低限【さいていげん】③（名）最低限度

跟我来ついてこい

「～同士」接尾词，接名词后，表示同一类的人或事物。
　◇仲のいい者同士で日本へ旅行に行きました。／与合得来的人一起去日本旅行了。

原文翻译

　　夫妻或者恋人之间的争执大多源于对"付出"和"得到"的不对等而产生的不满。任何人都认为自己为别人所做的一切很重要，却容易轻看别人为自己所做的一切。两者之间的平衡因之无法取得。※Takada Masahiro。

人　間　性

　たくさんの善意の男や女が、人に知られないでいるから、世のなかは曲りなりにも、どうにかもっているんですよ。※川端康成（かわばたやすなり，1899～1972）：小説家。ノーベル文学賞受賞者。大阪府生まれ。

　コメント：この社会で「善因善果」が通用するとは限りません。善意を持っている人が不幸になる例もあります。しかし善意なしでは社会は成り立ちません。彼らは人の世を陰で支えているのです。

基本語彙

曲りなりにも【まがりなりにも】⑤⑥（副）勉勉強強，好歹

どうにか①（副）総算，勉強

善因善果【ぜんいんぜんか】⑤（名）善因善果，善有善報

通用【つうよう】⓪（自サ・名）通用

1.「～ないでいる」句型，接动词未然形后，主语必须是有生命的人或动物，表示"处于没有做某种动作的状态下"。

　　◇朝から何も食べないでいます。／从早上起就什么也没吃。

2.「～なしでは」句型，接体言后，以否定表现结句。表示"没有前项的前提条件就不会产生后项的结果"。书面语。

　　◇彼なしではとてもやっていけません。／没有他很难进行下去。

原文翻译

尽管这社会有不尽如人意之处，但由于众多默默无闻的善良人的存在而得以维系。※川端康成(1899～1972)：小说家。诺贝尔文学奖获得者。日本大阪人。

あなたの正直さと誠実さとがあなたを傷つけるでしょう。気にすることなく正直で誠実であり続けなさい。※マザー・テレサ(1910～1997)：カトリック修道女、ノーベル平和賞受賞者。マケドニア人。

コメント：私たちの生きる社会は必ずしも健全ではなく、不正がまかり通るところがあります。この社会において、正直で誠実な生き方は時に不都合や衝突を生み、自分が傷つく結果になります。傷つきながらも善を目指せるかどうか。人間性の獲得には痛みが伴います。

基本語彙

正直【しょうじき】③④(名・形動) 老实，正直

誠実【せいじつ】⓪(名・形動) 诚实，真诚

傷つける【きずつける】④(他一) 伤害

カトリック【katholiek】⓪(名) 天主教

修道女【しゅうどうじょ】③(名) 修女

受賞者【じゅしょうしゃ】②(名) 获奖者

必ずしも【かならずしも】④(副) (不)一定，(未)必

健全【けんぜん】⓪(形動) 完善；(身心)健全

不正【ふせい】⓪(名・形動) 不正当

まかり通る【まかりとおる】④⑤(自五) (坏事)通行

不都合【ふつごう】②(名・形動) 不合适，不妥

衝突【しょうとつ】⓪(名・自サ) 冲突，矛盾

目指す【めざす】②（他五）以……为目标

解説
跟我来ついてこい

1.「気にする」慣用語,意为"感到不安""不愉快",指主观上将某事放在心上,意为"在意""介意"。注意与前面学过的表示自然感受的「気になる」之间的区别。

◇人のうわさなんか気にしないでください。/别在意他人的风言风语。

2.「ことなく」句型,接动词和部分助动词连体形后,意思与「～ないで」「～ずに」相近,意为"不……"。书面语。

◇ひどい雪でしたが、列車は遅れることなく京都に着きました。/虽然雪下得很大,但列车还是正点到达了京都。

3.「～であり続ける」慣用表达,由判断助动词「である」的连用形和他动词「続ける」构成复合动词,接名词或形容动词词干后,表示"一直保持某种身份或状态"。

◇なぜアメリカの経済は世界の主役であり続けたのですか。/为什么美国一直处于世界经济的霸主地位?

4.「必ずしも～ない」句型,后项多为否定表达或否定含义的词语,意为"未必……""不一定……"。

◇カタカナで表記されていても、必ずしも外来語じゃありませんよ。/用片假名书写的未必就是外来词哦。

原文翻訳

你的正直和诚实也许会伤害你,但不要放在心上,请继续保持你的本色。

※圣母特雷莎(Mother Teresa,1910～1997):天主教修女、诺贝尔和平奖获得者。马其顿人。

3

　自分の弱点を隠さないこと。欠点をごまかそうとしないこと。これだけでも大したことですよ。肉体的な弱点でも、内面的なものでも、それを他人に気づかれまいと苦心するところから人間は醜くなるのです。持っていないものを持っているふりをしようとするから、ぎこちなくなるのです。※五木寛之。

　コメント:欠点や弱点は人間の価値に関わってくるので、これを隠そうとするのは自然なことです。しかし隠そうとすればするほどぎこちなくなったり自分らしさを失ったりしてしまいます。それよりも長所を伸ばして自分の悪い面を晒け出せるくらいの自信を持ったほうが建設的と言えるでしょう。

基本語彙

　ごまかす③(他五)掩盖；蒙混，欺骗

　大した【たいした】①(連体)了不起

　弱点【じゃくてん】③(名)弱点，缺点

　内面【ないめん】⓪③(名)内心，精神方面

　苦心【くしん】②①(自サ・名)煞费苦心

　醜い【みにくい】③(形)丑陋的，丑恶的；难看的

　ぎこちない④(形)不自然的，笨拙的

　伸ばす【のばす】②(他五)増长，提高

　晒け出す【さらけだす】④(他五)暴露，揭穿

　建設的【けんせつてき】⓪(形動)建设性的

解説
跟我来ついてこい

1.「まい」推量助动词,表示否定。接形容词连用形＋「ある」＋「まい」、五段

动词终止形＋「まい」、一段动词、カ变动词、サ变动词的未然形＋「まい」后。カ变、サ变动词有时也以终止形接续。「まい」大致有五种用法：①表示否定的推测；②与疑问终助词「か」相接，表示劝诱或托付；③表示否定的意志；④表示否定某事是理所当然、恰当不过的；⑤表示禁止。此处表示否定的意志。

◇母を悲しませまいと思って、そのことは知らせませんでした。／想着不让母亲伤心，就没把那件事告诉她。

2.「長所を伸ばす」惯用语，意为"发扬优点"。

◇長所を伸ばすと、短所はその長所の陰に隠れてしまいます。／一旦发扬了优点，缺点就被掩盖在优点之下了。

3.「自信を持つ」惯用语，意为"有自信"。类似的说法还有「自信がある」。

◇本当に自信を持つことができるようになれば、世界は変わります。／如果你真正做到自信，世界将会改变。

原文翻译

不要掩盖自己的弱点，也无需淡化自己的缺点，能做到这一点就很了不起。丑陋来自于处心积虑地不让他人察觉自己外表和内心的不足。明明没有的东西却要装作有的样子，这就变得虚伪了。※五木宽之。

本当に強いというのは、挫折をしても、失敗をしても、うちひしがれることがあっても、淡々とニコニコと生きていくこと。自分の思い通りにするのではなくて、目の前に起きた現象について「そういうこともあるよね」とニコニコしながら生きていくことが、本当に強い生き方なのかも知れません。※小林正観。

コメント：誰でも挫折や失敗は嫌です。それは自分の能力や願望が否定されるからです。その嫌なことをすぐに受け入れられる人は、心の中に自尊心が巨木のように立っていて、何が起きてもビクともしません。その余裕が笑

顔さえ呼び込みます。そして「笑う門には福来る」の言葉通り、最終的には幸せが舞い降りてきます。

基本語彙

うちひしぐ【打ちひしぐ】④⓪（他五）打垮,摧毁

淡々【たんたん】⓪（形動）淡泊,想得开

ニコニコ①（副・自サ）微笑,笑眯眯

思い通り【おもいどおり】④（名）想象的那样,称心如意

願望【がんぼう】⓪（名・他サ）愿望,心愿

自尊心【じそんしん】②（名）自尊心

巨木【きょぼく】⓪（名）大树

余裕【よゆう】⓪（名）从容；富余

呼び込む【よびこむ】③（他五）唤进

門【かど】①（名）家；门前

来る【きたる】②（自五）到来；引起；下（次的）

舞い降りる【まいおりる】④（自一）飞落下来

解説
跟我来ついてこい

1.「ニコニコ」副词,也称作拟态词。字典中一般以平假名表示,写成片假名则起到醒目、强调的作用。原指微笑的表情,此处表示乐观的态度。

　　◇彼はいつもニコニコしています。/他总是一副乐天派的样子。

2.「ビクともしない」惯用语,意为"一动不动""坦然处之""毫不动摇"。此处表示态度上的不畏惧。

　　◇どんなことが起ころうとビクともしません。/不论发生什么事都处之泰然。

3.「笑う門に福来る」谚语,字面意为"福气来到欢笑家",表示"和气致祥"。

　　◇泣いて生きても一生、笑って生きても一生、ということですから、笑顔で明るい毎日を過ごしてみてはいかがでしょうか。笑う門には福来

たる、ですよ。/哭也一辈子,笑也一辈子,那咱就微笑着度过灿烂的每一天如何？俗话说"福寻笑门入"嘛。

原文翻译

真正的坚强就是不论遭遇挫折、失败还是摧残,都坦然处之,乐观地生活下去。不是让一切都按照自己的意愿去发展,而是以平常心态笑对眼前发生的事情,这也许才是真正坚强的生活方式。※小林正观。

自分が大変な目に遭ったとき、メンツをつぶされたときでさえも、相手のこと、周囲のことを考えられる余裕がある…これが人間としての器の大きさ、余裕、そして品格があるということだと私は思うのです。※渋井真帆(しぶいまほ,1971～):マチュアライフ研究所代表取締役。茨城県生まれ。

コメント:人は常に自分という意識を持っています。そして肉体を包む肌が自己意識と自己以外の境界線です。しかしもし意識を拡大して周囲の人をも包み込んだらどうでしょう。誰かに罵倒されても馬鹿にされても、「私」の意識は「私」に集中していないので、ショックも少なく、だからこそ相手のことも考えられるようになります。意識を外へ外へと拡大し、地球を丸ごと包み込んだとき、人間としての最大級の器ができます。

基本語彙

メンツ①(名) 面子

つぶす【潰す】⓪(他五) 败坏,损伤

品格【ひんかく】⓪(名) 品格,人格

包む【つつむ】②(他五) 包,裹

肌【はだ】①(名) 皮肤

境界【きょうかい】⓪(名) 边界

包み込む【つつみこむ】④(他五) 包进去

罵倒【ばとう】⓪(他サ・名) 大骂，痛骂

ショック【shock】①(名) 打击，刺激

最大級【さいだいきゅう】③(名) 最高级

解説
跟我来ついてこい

1.「目に遭う」惯用语，意为"经历""体验""遭遇"。常用「たいへん」「ひどい」等词来修饰「目」，以起到加强程度的作用。用于消极、不好的事情。

◇独立して店を始めて以来、いろんな目に遭いました。/独自开店以来，经历了许多挫折。

2.「メンツをつぶす」惯用语，意为"使……出丑""使……丢面子"。

◇メンツをつぶされることを恐れ、彼は非を認めようとはしませんでした。/他害怕丢面子，压根不承认错误。

3.「余裕がある」惯用语，意为"富余""充裕""有时间"。

◇発車までまだ30分ほど余裕があります。/离发车还有30分钟。

4.「品格がある」惯用语，意为"品德高尚"。

◇品格のある人になるために、いろいろなことを体験しなければなりません。/要成为一名品德高尚的人，必须体验各种各样的事情。

原文翻译

当遭受重大打击，甚至颜面尽失时，依旧能够充分考虑对方和周围的方方面面……我认为这才是做人所具备的宽宏大量、从容不迫和品德高尚。※涩井真帆(1971～)：Mature Life 研究所董事长。日本茨城县人。

「自分と仲良く生きる」好きな自分と四六時中一緒にいる人は、自然と笑顔が多くなり、言葉から刺がなくなり、相手の言葉をふんわりと受け止めることができるようになるから不思議です。※渡辺和子（わたなべかずこ，1927～）：ノートルダム清心学園理事長。北海道生まれ。

コメント：自分はどこまでいっても自分です。逃げることも交換することもできません。自分の長所も短所も受け入れて愛することは、何より心に安定感をもたらします。また健全な自己愛は他人を受容することも可能にしてくれます。

基本語彙

四六時中【しろくじちゅう】⓪（副）一整天，始终

刺【とげ】②（名）（说话）尖酸，（话里带）刺儿

ふんわり③（副）轻松，轻飘飘

不思議【ふしぎ】⓪（名・形動）不可思议

旭川【あさひかわ】⓪（専）（位于日本北海道中部）旭川（市）

逃げる【にげる】②（自一）逃避

交換【こうかん】⓪（他サ・名）交换

愛する【あいする】③（他サ）爱

自己愛【じこあい】②（名）自我陶醉，自恋

原文翻译

整天"与自身和睦相处"的悦己者，自然而然地笑脸多了，话里的"刺儿"也没了，觉得对方的言语也耳顺了，这真是不可思议。※渡辺和子（1927～）：圣玛利亚（Notre-Dame）清心学园理事长。日本北海道人。

　美しい若人は自然のいたずらです。しかしながら、美しい老人は人間の努力です。※エレノア・ルーズヴェルト(1884～1962):アメリカの女性評論家。

　コメント:赤く香ばしいリンゴも、時間が経てば、次第に腐敗して、無残な姿になります。それは生物の宿命です。しかし精神はその宿命の支配を受けません。みずみずしさを保つ努力によって、人は美しく老いることが可能なのです。

基本語彙

　　若人【わこうど】②(名) 年轻人,青年
　　いたずら⓪(名・形動) 恶作剧,玩笑
　　しかしながら④(接) 但是,可是
　　老人【ろうじん】⓪(名) 老人
　　香ばしい【こうばしい】④⓪(形) 香,芳香
　　次第に【しだいに】④⓪(副) 逐渐(地),渐渐(地)
　　腐敗【ふはい】⓪(自サ・名) 腐烂
　　無残【むざん・無惨】①(形動・名) 凄惨
　　生物【せいぶつ】①(名) 生物
　　宿命【しゅくめい】⓪(名) 宿命
　　みずみずしい⑤(形) 水灵,娇嫩
　　老いる【おいる】②(自一) 年老,衰老

原文翻译

　　年轻人的美貌乃大自然的性情之作。夕阳红的绚丽则是人生努力的结果。※埃莉诺・罗斯福(Eleanor Roosevelt,1884～1962):美国女性评论家。

自分がして欲しいことを、相手にしてあげる心が本当の愛です。どんな不幸を吸っても、吐く息は感謝でありますように。※渡辺和子。

コメント：この格言が実行できる人は愛情豊かなすばらしい人です。しかしながら、「自分がして欲しいこと」と「相手がして欲しいと思うこと」は、一致するとは限りません。自分と他人は違うのです。これが善意の罠です。善意で行動する際には、相手が何を望んでいるかを客観的に知る必要があるのです。

基本語彙

吸う【すう】⓪（他五）吸

吐く【はく】①（他五）吐，呼

息【いき】①（名）气息

愛情【あいじょう】⓪（名）爱，爱情

一致【いっち】⓪（自サ・名）一致

罠【わな】①（名）圈套

際【さい】①（名）时候，时机

解説
跟我来ついてこい

「〜際（に）」句型，接连体词或动词及部分助动词连体形，名词＋「の」后。意为"在……时候"。多数情况下可以和「〜時」互换。书面语。

◇第一印象はとても大事なので、面接の際には注意が必要です。／第一印象很重要，所以在面试的时候必须注意。

原文翻译

己欲得之，先施于人，此情乃为真爱。不管吸入了多少不幸，希望呼出的都是感谢。※渡边和子。

誠意や真心から出たことばや行動は、それ自体が尊く、相手の心を打つものです。※松下幸之助。

コメント：利己主義や保守主義が幅を利かせる現代社会において、誠意や真心は数少ない貴重品です。誰もが人として、それらに対する正しい審美眼を持ち合わせています。もし、誠意を目の当たりにしても何も感じないのなら、致命的なほどに人間性を失っているということになります。

基本語彙

真心【まごころ】②（名）真心，诚心
自体【じたい】①（名）本身，自身
尊い【とうとい/たっとい・貴い】③（形）珍贵的，宝贵的
保守主義【ほしゅしゅぎ】③（名）保守主义
貴重品【きちょうひん】⓪（名）贵重物品
審美眼【しんびがん】③⓪（名）审美能力
持ち合わせる【もちあわせる】⓪⑤（他一）持有
目の当たり【まのあたり】⓪③（名）眼前，亲眼
致命的【ちめいてき】⓪（形動）致命的；无可挽回了的

解説
跟我来ついてこい

1.「～自体」接尾词，前面多接名词、代词，起强调的作用，意为"……本身"。
　　◇これは学校の教育自体の問題です。/这是学校教育本身的问题。
2.「心を打つ」惯用语，意为"感动""扣人心弦"。
　　◇この本を読んで大変心を打たれました。/看了这本书备受感动。
3.「幅を利かせる」惯用语，意为"有势力"。
　　◇彼はこのあたりでは幅を利かせています。/他在这一带很有势力。

4.「～を目の当たりにする」慣用表達，意为"看见"。本文中的「目の当たりにしても何も感じない」表示"熟视无睹"。

◇親父(おやじ)が倒れたら、隠されていた現実を目の当たりにすることになるでしょう。/一旦老爷子倒下了，那被掩盖的事实将大白于天下吧。

原文翻译

出于真诚的言行才能打动人，其本身难能可贵。※松下幸之助。

人の欠点が気になったら、自分の器が小さいと思うべきです。他人の短所が見えなくなったら相当の人物、長所ばかりが見えてきたら大人物です。※石井久(1923～)：実業家、立花証券会長。福岡県生まれ。

コメント：人の欠点を見たとき、嫌な思いになりますが、その欠点を直させようとしても絶対直りません。他人は変えられないのです。それよりも自分の器を大きくして相手の欠点を受け入れようとしたほうが得策です。欠点をその器にどんどん入れていけば、やがて相手の長所が見えてきます。

基本語彙

相当【そうとう】⓪(名・副・形動) 相当，很

大人物【だいじんぶつ】③(名) 大人物，伟人

立花【たちばな】⓪(専) 立花

証券【しょうけん】⓪①(名) 証券

得策【とくさく】⓪(名) 上策，好办法

やがて③⓪(副) 不久，即将

解説 跟我来ついてこい

「器が小さい」慣用語，意为"才干小""气量小"。

◇器が小さければ小さいほど、世間は狭くなります。/器量越小，人际空间越窄。

原文翻译

假如你纠结于别人的小缺点，就应该明白自己气量之小。修炼到看不到他人缺点的时候，你就不是等闲之辈，修炼到看到的全是他人的优点，那你就是伟人。※石井久（1923～）：实业家、立花证券会会长。日本福冈县人。

母性愛なんて言いますが、自分の子供のことしか考えないようなものは、動物と変わるところがないじゃありませんか。※山本有三（やまもとゆうぞう，1887～1974）：小説家。栃木県生まれ。

コメント：動物は本能に従って自分の子供を生み、育てます。しかし人間は本能だけで生きているのではありません。本能と行動の間に、感情や思考を挿入することができます。そこから愛を拡大させることができるのです。

基本語彙

母性愛【ぼせいあい】②（名）母爱

本能【ほんのう】①（名）本能

挿入【そうにゅう】⓪（他サ・名）插入

 **解説**
跟我来ついてこい

「～に従って」句型,接体言后,意为"按照……""根据……"。

◇引率者の指示に従って、行動してください。/请按照领队的指示行动。

原文翻译

说是母爱,如果眼里只有自己的孩子,那与动物何异?※山本有三(1887～1974):小说家。日本枥木县人。

あなたは苦しんだ分だけ、愛の深い人に育っているのですよ。※瀬戸内寂聴。

コメント:苦しみは心に深みを与えます。苦しむことで人の痛みが分かるようになり、愛が大きくなります。苦しみという代価を払うことで、そのような心を買っているわけです。値段が高ければ高いほど、愛情深い心を手に入れられます。

基本語彙

苦しむ【くるしむ】③(自五)感到痛苦,苦恼

育つ【そだつ】②(自五)成长,发育

苦しみ【くるしみ】⓪③(名)痛苦,苦恼

代価【だいか】⓪①(名)代价;价款

 **解説**
跟我来ついてこい

1.「分」名词,可以表示"部分""本分""身份""程度"等意,本文中的含义是"部分"。

◇人の分まで食べてしまったなんて本当にどうしようもない奴です。/连别人的那份都吃了,真是个不可救药的家伙。
2.「愛が深い」惯用语,意为"爱心深厚""爱情深远"。在文章中「が」被「の」替代。
　　　◇愛が深いほど憎しみが深くなります。/爱越深恨越深。
3.「(～を)～に育てる」惯用表达,意为"把……培养成为……"。
　　　◇子供を立派な人間に育てるのは相当難しいことです。/把孩子培养成为优秀人才是相当困难的一件事。
4.「代価を払う」惯用语,意为"付出代价"。
　　　◇いかなる代価を払っても、この計画を成功させます。/要不惜一切代价成功实行这项计划。
5.「手に入れる」惯用语,意为"搞到手""据为己有"。
　　　◇ピカソの作品を手に入れるのにずいぶん苦労しました。/为了把毕加索的作品搞到手,我费了很多周折。

原文翻译

　　正是所受的那份痛苦让你成为博爱之人。※濑户内寂听。

　　自分の尊いことを知らないで何ができますか。※北大路魯山人(きたおおじろさんじん,1883～1959):篆刻家・画家・陶芸家・書道家・漆芸家・料理家・美食家。京都生まれ。
　　コメント:人は自分のことを完全に把握していません。だからこそ積極的に自分の中から神聖なもの、高貴なものを探り出します。そうして自分への尊敬の心ができたら、自信をもって色んなことに取り組めるでしょう。

基本語彙

篆刻家【てんこくか】⓪(名)篆刻家

陶芸家【とうげいか】⓪(名)陶艺家,陶瓷工艺师
書道家【しょどうか】⓪(名)书法家
漆芸家【しつげいか】⓪(名)漆艺家,漆工艺师
美食家【びしょくか】⓪(名)美食家
神聖【しんせい】⓪(形動・名)神圣
高貴【こうき】①(形動・名)高贵
探り出す【さぐりだす】④(他五)探出,搜寻

原文翻译

不懂自我价值的人能有何作为呢？※北大路魯山人(1883～1959)：篆刻家、画家、陶艺家、漆艺家、烹饪家、美食家。日本京都人。

もしこの世の中に「愛する心」がなかったら、人間はだれもが孤独です。※中原淳一(なかはらじゅんいち,1913～1983)：イラストレーター。香川県生まれ。

コメント：愛は無限大です。人でも動物でも花でも愛することができます。そして何かを愛する限り、人は孤独から解放されます。反対に、愛されることに頼る生き方は、孤独と背中合わせの不安な状態なのです。

基本語彙

イラストレーター【illustrator】⑤(名)插图画家
香川【かがわ】①(専)香川(县)(位于日本四国地区东北部)
頼る【たよる】②(自五)依靠,仰仗
背中合わせ【せなかあわせ】④(名)不和；背靠背

解説 跟我来ついてこい

「～に頼る」慣用表达，接体言后，意为"依靠""仰仗"。

◇人に頼らないで、自分の力でやりたいです。/我想靠自己的能力完成，不想依赖别人。

原文翻译

世无爱心，人皆孤独。※中原淳一（1913～1983）：插图画家。日本香川县人。

「強さ」とは、主張を通すことでもなく、競争することでもなく、傷つかぬように身を守ることでもなく、馬鹿にされ、罵られ、辱められ、笑われても、笑顔で底から立ち上がってくることです。※小林正観。

コメント：攻撃的になっているときに強く見えるのは当然です。しかしそれは表面的なものです。本当の強さは、攻撃されたときの回復の如何で判断されなければなりません。

基本語彙

主張【しゅちょう】⓪（名・他サ）主张

罵る【ののしる】③（他五）骂，大声斥责

辱める【はずかしめる】⑤（他一）羞辱，侮辱

立ち上がる【たちあがる】④⓪（自五）重振；站起来

攻撃【こうげき】⓪（名・他サ）抨击，攻击

表面【ひょうめん】③（名）表面

回復【かいふく】⓪（名・自他サ）恢复

1. 「主張を通す」慣用語,意为"坚持主张"。
   ◇自分たちの主張を通すためなら、手段を選ばない、ひどい奴らです。/这些卑劣的家伙,为达到目的不择手段。
2. 「身を守る」慣用語,意为"护身"。
   ◇彼は身を守るため、何人かの用心棒(ようじんぼう)を雇っています。/他为了护身,身边豢养了一批打手。
3. 「〜(の)如何で」句型,「如何」还可以写成「いかん」,接体言后,意为"根据……(内容或状态)"。
   ◇参加するかどうかはその日の体調如何で決めさせていただきます。/请允许我依据当天的身体状况决定是否参加。

原文翻译

所谓"坚强",既不是固执己见,也不是争强好胜,更不是明哲保身,而是哪怕遭到愚弄、诋毁、辱骂和嘲笑,也会微笑着重新振作起来。※小林正观。

江戸時代には「教える」のではなく、見よう見まねで「盗む」ことが奨励されていたんです。だから現代も、大人は子どもに、上司は部下に、押しつけるのではなく、自分の、こうありたいと思う姿を見せるべきですね。※清水克衛(しみずかつよし,1961〜):読書普及協会理事長。東京都生まれ。

コメント:「教える」というのは言葉だけでできるから簡単です。しかし「姿を見せて指導する」となると本人の普段の生き方が関わってくるので、いい加減なことはできず、常に自分を律していなければなりません。そして学ぶ側の人は、言葉よりもそういう実際の姿に真実を覚えるのです。

基本語彙

江戸時代【えどじだい】③（名）江户时代
盗む【ぬすむ】②（他五）偷盗，偷艺
奨励【しょうれい】⓪（他サ・名）奖励，鼓励
押しつける【おしつける】④（他一）强制，强加（于人）
普及【ふきゅう】⓪（名・自他サ）普及
指導【しどう】⓪（他サ・名）指导，教导
普段【ふだん】⓪①（名・副）平素，平时
律する【りっする】③⓪（他サ）约束，衡量
真実【しんじつ】①（名・副）真实；确实

跟我来ついてこい

1.「見よう見まね」惯用语，表示"在看的过程中自然而然地模仿并记住"。意为"看样学样，久而自通"。
　　◇どうやら子どもが見よう見まねで手書きの本を作ってようです。
　　/孩子似乎在耳濡目染中制作了手抄本。
2.「姿を見せる」惯用语，意为"露脸""呈现……姿态"。
　　◇彼は来月上映される映画で生まれ変わった姿を見せてくれるそうです。/听说他将在下个月上映的电影中以崭新的形象出现。

原文翻译

　　在江户时代鼓励的是耳濡目染的"偷学"方式，而非"教育"。因此，在现代也不该是大人强压于孩子、上级强压于下级，而应身先士卒，起模范带头的作用啊！※清水克卫(1961～)：普及阅读协会理事长。日本东京人。

自分のためにしたことは自分がいなくなればおしまいです。でも、人のためにしたことは受け継がれていきます。※カル・イチェ・カル(生年・出身地不明)。

コメント:AさんはBさんのために何かをしてあげました。Bさんは喜び、Cさんに同様のことをします。Cさんはたくさんの友達や親戚や自分の子供に同様のことをします。そうやって一つの善意が倍加していき、AさんやBさんが死んだ後も、善意は脈々と後世へ伝わっていきます。

基本語彙

受け継ぐ【うけつぐ】③⓪(他五) 継承, 承継

同様【どうよう】⓪(名・形動) 同様

親戚【しんせき】⓪(名) 亲戚

倍加【ばいか】⓪(自他サ・名) 加倍, 倍增

脈々【みゃくみゃく】⓪(形動) 连续不断(地)

後世【こうせい】①(名) 后世

伝わる【つたわる】⓪(自五) 流传

原文翻译

谋私利,利随人灭;为他人,人亡事存。※卡鲁·伊彻·卡露(Kalu Iche Kalu,生年、出生地不详)。

あなたが百人の人に微笑みかければ、百人の心が和む。あなたが百人の手を握れば、百人の人が温もりを感じます。※マザー・テレサ。

コメント：運動神経がなく、頭も悪く、何の取り柄もない人でも、微笑みや握手はできます。人に安らぎを与えるのに特別な能力は必要ありません。

基本語彙

和む【なごむ】②（自五）平静，缓和

温もり【ぬくもり】⓪④（名）温暖

神経【しんけい】①（名）神经

取り柄【とりえ】③（名）长处，优点

握手【あくしゅ】①（名・自サ）握手

安らぎ【やすらぎ】⓪（名）平静，安稳

特別【とくべつ】⓪（形動・名）特别

解説
跟我来ついてこい

1.「心が和む」惯用语，意为"心情平静""心平气和"。

◇美しい景色を見ると心が和みます。/看到美丽的景色心绪就会平静下来。

2.「手を握る」惯用语，可以表示"握手""提携"等意。

◇この際、彼らと手を握ったらどうでしょうかね。/这种时候,和他们合作如何?

3.「頭が悪い」惯用语，意为"脑筋不好""不聪明"。其反义词是「頭がいい」。

◇頭が悪いから、何度言われても分かりません。/我脑筋不好使,人家讲了多少遍我也不懂。

4.「何の取り柄もない」惯用语，意为"一无可取""毫无长处"。其反义词为「取り柄がある」。

◇何の取り柄もない僕の存在を肯定してくれる人はいるんでしょうか。/会有人欣赏我这个一无是处的人吗?

原文翻译

微笑送百人,百人心畅快,握紧百人手,手手递温暖。※圣母特雷莎。

　私は「美人」と「美形」は違うと考えています。外面の美しいのが「美形」で、内面の美しいのが「美人」です。「美形」は年とともに衰えますが、「美人」は年とともに美しくなるものです。※北畑英樹（きたはたひでき，1943～）：医学博士（出身地不明）。

　コメント：美形の人は自分に自信を持ち、周囲からも好かれます。それが好ましい性格を形成します。そこで美形で美人であるという女性が存在するわけです。この場合、「美形」は外面的な美しさで、「美人」は内面的な美しさという意味です。人間は年を取れば皮膚もたるみ、染みもできるでしょう。そこで「美形」が失われてしまいます。しかし、「美形」を失ってもなお「美人」を保ち、新たなる美を自身の中に創造することはできるのです。——これが難しく、また人生の面白いところです。

基本語彙

美人【びじん】①（名）美人，美女

美形【びけい】⓪（名）美貌；美丽的形状

外面【がいめん】⓪（名）外表，外面

衰える【おとろえる】④（自一）衰老，衰退

形成【けいせい】⓪（他サ・名）形成

たるむ【弛む】⓪（自五）松弛；弯曲

染み【しみ】⓪（名）老人斑；污点

なお【猶・尚】①（副）仍旧；再；尚未

美【び】①（名）美

解説
跟我来ついてこい

1.「年を取る」慣用語，意为"上年纪""长岁数"。

◇「あの子はもう一つ年を取ると学校へ行ける」なんて言わないよ。子供の場合、「もう一歳大きくなったら」と言いますので。/"那孩子再年长一岁就能上学了"这话不说。小孩得说"再长大一岁"。

2.「新たなる」惯用表达，其中"なる"为助动词「なり」的连体形，属于雅语。接形容动词词干，相当于形容动词连体形「な」，作定语用。意为"崭新"。

◇晩年の彼は教育界で新たなる業績を残しました。/晚年的他在教育界留下了新的丰功伟绩。

原文翻译

我认为"美人"和"美貌"不是一个概念。外表美是"美貌"，而内在美才是"美人"。"美貌"会随着年龄增长而衰退，但"美人"却越发光彩照人。※北畑英树（1943～）：医学博士（出生地不详）。

人間の愚かさについて

寅：私も学問がないから、今まで、つらいことや悲しい思いをどれだけしたか分かりません。本当に私のような馬鹿な男はどうしようもないんですよ。

住職：いやそれは違う。己の愚かしさに気づいた人間は愚かとは言いません。あなたはもう利口な人だ。…己を知る。これが何より大事なことです。己を知ってこそ、他人を知り、世界も知ることができるってわけです。あなたも学問をなさるとよい。四十の手習いと言ってな、学問をはじめるのに早い遅いはない。子曰く、朝（あした）に道を聞けば、夕べに死すとも可なり。物事の道理をきわめることができれば、いつ死んでもかまわない。学問の道はそれほど遠く険しいというわけだ、うーん。※山田洋次（やまだようじ、1931～）：映画監督、脚本家。大阪府生まれ。

コメント：物事の道理を知るにはどのくらいの時間が必要なのでしょうか。少年には少年なりの悟りがあるでしょう。しかし年を重ねれば、その悟

りが浅はかだったことに気がつきます。壮年もしかり。道理は常に我々人間の高みにあるのです。ただ道理を理解しようとする意志によって人間は自らに英知をもたらすのです。

基本語彙

寅【とら】①(専) 寅(人名)

学問【がくもん】②(名) 学问

己【おのれ】⓪(名・代) 自己；你

愚かしさ【おろかしさ】③(名) 愚蠢，糊涂

利口【りこう】⓪(形動・名) 聪明，伶俐

手習い【てならい】②(名) 学习

子【し】①(専) 孔子

曰く【いわく】①(名) 说，云

死す【しす】⓪(自サ) 死

険しい【けわしい】③(形) 险峻；险恶；严厉

重ねる【かさねる】⓪(他一) 累加；反复

浅はか【あさはか】②(形動) 浅薄，肤浅

壮年【そうねん】⓪(名) 壮年

しかり【然り】②(自ラ変) 然，是

意志【いし】①(名) 意志，志向

英知【えいち】①(名) 睿智；洞察力

解説　跟我来ついてこい

1.「どれだけ～か」句型,「か」前接常体句,其中「だけ」类似于「ぐらい」,表示程度。

　　◇問題がどれだけ難しいかやってみないと分かりません。/问题有多难,不尝试就无法知晓。

2.「～とよい」句型,也可以说「～といい」。接动词终止形后,表示劝说,意为

"还是……好""那样一般是比较合适的"。接否定句时,一般不使用「～ないといい」,而用「～ないほうがいい」。

　　◇分からないときは、この辞書を使うといいです。/不懂时,用这本词典查找比较方便。

3.「朝に道を聞けば夕べに死すとも可なり」孔子语录,读作「あしたにみちをきけばゆうべにしすともかなり」,即"朝闻道、夕死可矣",语出《论语・里仁第四》,意为"早晨得知真理,当晚死去也无憾"。教育人们不要认为自己年岁大了再学就没用了,学无止境,即使年岁大了也不要放弃学习。

4.「年を重ねる」惯用语,表示"年龄增长""年复一年"等意。

　　◇年を重ねれば重ねるほど、命の大切さが分かってきました。/随着年龄的不断增长,越发懂得了生命的宝贵。

5.「しかり」文语,源自副词「しか」和动词「あり」构成的「しかあり」的约音,相当于「そうだ」「その通りだ」。多用于表达感动。

　　◇自分を愛せなければ人も愛せぬ。逆もまた然り。/不能自爱就无法爱人,反之亦然。

原文翻译

有感人之愚钝

寅:我大字不识一个,以前不知受过多少罪,留下多少惨痛的记忆!像我这样的笨蛋真是不可救药了。

方丈:此言差矣。能够察觉自身笨的人就算不上愚钝。你也很聪明。……看清自己才是最重要的。就是说唯有知己才能知彼,也才能知世界。你也可以做学问。人说不惑之年勤学不为晚。做学问不分早晚。子曰"朝闻道、夕死可矣"。能够彻底弄清事物的来龙去脉,任何时候都死而无憾。学问之路就是这么漫长而险峻啊。※山田洋次(1931～):电影导演、脚本作家。日本大阪人。

招待

あなたが生活のために何をしているかは、どうでもいいことです。

私は、あなたが何に憧れ、どんな夢に挑戦するのかを知りたいと思います。

あなたが何歳かということも関係のないことです。

あなたが、愛や夢や冒険のために、どれだけ自分を賭けることができるのか知りたいのです。

あなたがどの星座に生まれたか、ということもどうでもいいことです。

あなたが本当に深い悲しみを知っているか、人生の裏切りに晒されたことがあるか、それによって傷つくのが怖いばかりに、心を閉ざしてしまっていないかを知りたいのです。

あなたが自分のものであれ、人のものであれ、

痛みを無視したり、簡単に片づけたりせずに、それを自分のものとして受け止めているかどうかを知りたいのです。

また、喜びの時には、それが私のものであれ、あなたのものであれ、

心から夢中になって踊り、恍惚感に身をゆだねることができるかを知りたいのです。

気をつけろとか、現実的になれとか、大したことはないさなどと言わずに。

私は、あなたの話すことが本当かどうかには関心がありません。

私はあなたが自分自身に正直であるためには、他人を失望させることでさえあえてできるかどうかを知りたいのです。

たとえ裏切りだと責められても、自分自身の魂を裏切るよりは、その非難に耐えうる方を選ぶことができるかどうかを。

たとえ不実だと言われても、そんなときにあなたがどうするかによって、

あなたという人が信頼に値するかどうかを知りたいのです。

私は、あなたが本当の美が分かるかを知りたいのです。

それが見た目に美しく見えないときでも、毎日そこから本当に美しいものを人生に汲み上げることができるかどうかを。

私は、あなたがたとえ失敗しても、それを受け止めて、

共に生きることができるかどうか、それでも湖の縁に立ち、銀色の輝く満月に向かって、イエスと叫ぶことができるかどうかを知りたいのです。

あなたがどこに住んでいるか、どれだけお金があるかはどうでもいいことです。

それよりも、あなたが悲しみと絶望に打ちひしがれ、どんなに疲れ果てていても、また朝が来れば起き上がり、子どもたちを食べさせるためにしなければならないことを、するかどうかを知りたいのです。

あなたが誰を知っているか、あなたがどうしてここへ来たかは関係ありません。

私とともに決して怯まずに、炎の只中に立つことができるかどうかが知りたいのです。

あなたがどこで、何を、誰と勉強したかはどうでもいいことです。

私が知りたいのは、皆が見捨ててたった一人になったとき、あなたの内側からあなたを支えるものは何かということです。

私はあなたが自分自身としっかり向き合い、その何もない時間の中にいる自分を、心から愛しているのかどうかを知りたいと思っているのです。

※オライア・マウンテンドリーマー(生年不明)アメリカの詩人、アメリカ生まれ(カナダへ移住)。

コメント:人は年齢、収入、学歴などたくさんの要素から成っています。しかしそれらは人の本質とは無関係です。本質は魂にあります。深い悲しみを抱きとめ、喜びをありのまま表わし、大いなる夢を持ち、どんなことにも誠

意を貫く生き様が、豊饒たる魂を創り上げるのです。

基本語彙

招待【しょうたい】①（名・他サ）邀请, 招待
憧れる【あこがれる】⓪（自一）憧憬
冒険【ぼうけん】⓪（名・自サ）冒险
星座【せいざ】⓪（名）星座
晒す【さらす】⓪（他五）置于险境；暴露
片づける【かたづける】④（他一）处理, 解决
夢中【むちゅう】⓪（形動・名）热衷, 着迷
踊る【おどる】⓪（自五）跳舞
恍惚【こうこつ】⓪（名・形動）出神, 心醉神迷
ゆだねる【委ねる】③（他一）委托；献身
関心【かんしん】⓪（名）关心
魂【たましい】①（名）灵魂
非難【ひなん】①（名・他サ）责难
不実【ふじつ】①⓪（名・形動）虚伪, 不诚实
値する【あたいする】⓪（自サ）值得……
汲み上げる【くみあげる】④（他一）汲取, 采纳
共に【ともに】③①（副）一起, 共同
縁【ふち】②（名）边, 缘
銀色【ぎんいろ】⓪（名）银色
満月【まんげつ】①（名）满月
イエス【yes】②（名・感）是的, 对
疲れ果てる【つかれはてる】⑤（自一）疲惫不堪
起き上がる【おきあがる】④⓪（自五）起来, 站起来
怯む【ひるむ】②（自五）畏惧, 畏缩
只中【ただなか】②⓪（名）正中间
見捨てる【みすてる】⓪（他一）抛弃, 不理睬

人間性

内側【うちがわ】⓪(名) 里面,内侧
向き合う【むきあう】③(自五) 相对,面对面
移住【いじゅう】⓪(自サ・名) 移居
収入【しゅうにゅう】⓪(名) 收入
学歴【がくれき】⓪(名) 学历
要素【ようそ】①(名) 要素
抱きとめる【だきとめる】④(他一) 抱住不放,紧紧抱住
ありのまま【有の儘】⑤(副・名) 据实,实事求是
大いなる【おおいなる】①(連体) 大的,伟大的
貫く【つらぬく】③(他五) 坚持,贯彻
生き様【いきざま】⓪(名)(呈现其性格或人生观的)生活态度,生活方式
豊饒【ほうじょう】⓪(形動・名) 丰饶,肥沃

解説
跟我来ついてこい

1.「～に憧れる」惯用表达,接名词或体言后,意为"憧憬……""向往……"。
　◇一部の地方の人は東京に憧れています。/一部分外地人向往着东京。

2.「～ばかりに」连语,接活用词连体形后。表示消极的原因,意为"就因为……"。类似的说法还有「～せいで」。
　◇彼の言葉を信じたばかりに、ひどい目に遭いました。/正因为相信他的话而倒了大霉。

3.「心を閉ざす」惯用语,意为"憋在心里""自闭"。
　◇心を閉ざすという行為は、自ら自分を否定しているのかも知れませんね。/自闭行为或许是自我否定。

4.「～であれ～であれ」句型,接名词或形容动词词干后,表示"不论何种情况都……"。可与「～であろうと～であろうと」互换。多用于拘谨的会话和书面语中。
　◇黒い猫であれ白い猫であれ、ネズミを捕るのはよい猫です。/不管白猫黑猫,抓住耗子就是好猫。

5.「(～に)夢中になる」慣用語,意为"热衷(于……)""(对……)着迷"。
　　◇最近は子供どころか、大人もテレビゲームに夢中になっています。
　　/最近别说孩子,连大人都热衷于电视游戏。
6.「(～に)身をゆだねる」慣用語,意为"献身(于……)""置身(于……)"。
　　◇一生日本語教育事業に身をゆだねようと思っています。/我要一辈子献身于日语教育事业。
8.「(～に)関心がある」慣用語,接体言后,表示"对……关心""对……感兴趣"。还可以说成「～に関心を持っている」。
　　◇彼は政治問題に一番関心があります。/他对政治问题最关心。
9.「(～に)値する」慣用表达,接体言后,表示"值得……"。
　　◇田中先生は尊敬に値するいい先生です。/田中老师是一位值得尊敬的好老师。
10.「～から成っている」句型,接体言后,用在句末时常以持续体的形式出现,表示"由……构成"之意。
　　◇この本は四つの章から成っています。/这本书由四个章节构成。
11.「ありのまま」慣用語,表示"如实""真实"。修饰名词时后接「な」或「の」,修饰用言时后接「に」。
　　◇ありのまま(な)の感情を表わします。/表达真实的感情。

原文翻译

邀　　请

为生活忙什么那是你的事。
吾唯欲知：
你的挑战、你的梦想？

你今年多大了与我无干。
吾唯欲知：
为爱、为梦,为冒险,
你舍得把自己赌上？

你生在哪个星座也无关紧要。

吾唯欲知：
你是否知道悲从中来的滋味？
你是否经历过人生失意的沮丧？
而你是否因此而害怕受伤，心扉紧闭？

吾唯欲知：
你是否在用心灵承揽着所有痛苦，
无论这痛苦源起自己还是他人。
你不会逃避，不晓敷衍？

吾尚欲知：
欢悦时分，不管快乐属人属己，
你都能从心底雀跃，陶醉不已？
而不是泼冷水说：
要防人、要现实，没有什么了不起……

你说真说假，我不关心。
吾唯欲知：
为自己刚直不阿的秉性，
你舍得让别人心灰意冷？

吾唯欲知：
面对口诛笔伐，你能否选择忍辱，
绝不背叛居住在心灵里的正直？
在流言蜚语中的你的举措，
决定你是否值得肝胆相照。

吾唯欲知：
你有否识别心灵之美的能力。
即便心灵之美示你以丑陋的外表，

你也能汲取真谛,籍此滋润人生的分分秒秒?

吾唯欲知:
你能否伴随失败风雨同舟?
携它共立湖岸,朝着银辉遍洒的圆月,
放声长啸:"我行!"

你住何处,你身价几何我同样不感兴趣。
吾唯欲知:
即便被悲伤和绝望击倒,
即便遍体鳞伤,疲惫不堪,
你是否还能鸡鸣即起,
为孩子们的辘辘饥肠奔劳?

你认识谁,为何而来无关紧要。
吾唯欲知:
你能否与我在血雨腥风中挽手,
不会因胆怯而瑟瑟发抖?

你在哪里跟谁学了什么我不想知道。
吾唯欲知:
被众人抛弃,孤独无助时,
是什么力量支撑着你的内心?

吾唯欲知:
你和你的灵魂双目互视,
是否从心灵深处挚爱着这样一个
徜徉于虚无时空中的你?

※奥里亚·山地·梦想家(Oriah Mountain Dreamer,生年不详):美国诗人(后移居加拿大)。

人 生

　ステキに歳を重ねていく上で一つのモデルとなっているのは、昨年米寿を迎えた母方の祖母です。「若いころ味わえなかった青春を楽しまないと」というのが口癖です。※髙田万由子(たかたまゆこ,1971～):女優・タレント。東京都生まれ。

　コメント:青春は肉体ではなく心に宿ります。強烈な好奇心や漲るような活力は若者の専売特許ではありません。心の持ちようで、米寿でも白寿でも青春を謳歌することができるのです。

基本語彙

　　モデル【model】①(名) 模范,榜样
　　昨年【さくねん】⓪(名) 去年
　　米寿【べいじゅ】①(名) 八十八寿辰
　　母方【ははかた】⓪(名) 母系,母亲一方
　　祖母【そぼ】①(名) 祖母,外祖母
　　青春【せいしゅん】⓪(名) 青春
　　口癖【くちぐせ】⓪(名) 口头禅
　　女優【じょゆう】⓪(名) 女演员
　　タレント【talent】⓪(名) 演员,艺人
　　宿る【やどる】②(自五) 宿,停留
　　強烈【きょうれつ】⓪(形動) 强烈
　　漲る【みなぎる】③(自五) 充满,洋溢

活力【かつりょく】②(名)活力,生命力
白寿【はくじゅ】①(名)九十九寿辰
謳歌【おうか】①(他サ・名)讴歌

解説
跟我来ついてこい

1.「ステキ」原形是「素敵(すてき)」,这里写成片假名的形式,起到强调的作用。此处作状语,意为"顺利""精彩"。

◇今度の試合で我がチームの勝ち方はステキでした。/本次比赛中我队打了一场漂亮的胜仗。

2.「～(る)上で」句型,接动词连体形后,意为"在某一方面"或"在某个过程中"。注意与前面学过的表示"在……基础上"的「～(た)上で」的区别。

◇面接する上で、注意しなければならないことは何ですか。/在面试过程中,必须注意的事项有哪些?

3.「～(楽しまない)と」接续助词,表示假定,用于结句。「と」后省略的内容依据前项而定。此处省略了「気が進まない」「つまらない」之类的表达。

◇子供を甘い目で見てはいけませんよ。今から厳しく躾けないと。
/可不能娇纵孩子啊。现在不严加管教的话(以后就管不了了)。

4.「心に宿る」惯用语,意为"留在心中"。

◇その果敢な姿はいつまでも人々の心に宿っています。/(他)那果敢的英姿永远留在人们的心中。

5.「(持ち)よう」接尾词,接动词连用形后构成复合词,意为"方式""方法"。

◇ここの景色は言いようもないほど美しいです。/这里的景色美得无法形容。

原文翻译

去年迎来八十寿辰的外婆人生精彩,她如今已经成为我们的偶像。她常挂在嘴边的一句话就是"我要享受年轻时无法享受的青春快乐"。※高田万由子(1971～):影视演员。日本东京人。

　人生とは、この世で過ごす時間のこと。そして、いかに生きるか、とは、いかなる時を過すか、ということです。※葉祥明(ようしょうめい,1946〜):絵本作家。熊本県生まれ。

　コメント:人生の時間は皆平等ですが、人生の質は人様々です。そして質の違いを生み出すのが生き方なのです。困難に立ち向かうことや、夢を実現するべく努力することを通して、人生はより輝きに満ちていきます。

基本語彙

熊本【くまもと】⓪(名) 熊本(县)(位于九州地区中西部)

質【しつ】⓪②(名) 质量

立ち向かう【たちむかう】④⑤⓪(自五) 应付

輝き【かがやき】③(名) 光辉,辉耀

1.「いかなる〜か」句型,「いかなる」后接名词,表示疑问。多用于书面语或正式场合。口语多说成「どんな」。

　　◇このような事態に際して、いかなる応対が可能か、よく話し合う必要があります。/面临这样的情况能如何应对,我们得好好商量。

2.「困難に立ち向かう」惯用语,意为"面对困难"。

　　◇どのように困難に立ち向かうことができるか教えてください。/请告诉我怎样才能面对困难。

3.「〜べく」推量助动词「べし」的连用形,接动词或动词型助动词终止形后,其中「する」有「するべく」和「すべく」两种形式,表示目的。书面语。

　　◇大学に進むべく上京しました。/为上大学我去了东京。

原文翻译

人生就是在这世上经历的过程。因此,"怎么活"指的就是度过什么样的时光。※叶祥明(1946~):连环画画家、诗人。日本熊本县人。

希望に生きる者は常に若い。※三木清(みききよし,1897~1945):哲学者。兵庫県生まれ。

コメント:楽観的で情熱的な人は概して年齢より若く見られるものです。通常、肉体は時とともに老いていきますが、青春に満ちた若き心は肉体をも支配するのです。どんな状況であれ願望を持ちその実現を信じて行動する人は永遠の若者と言えるでしょう。

基本語彙

希望【きぼう】⓪(名・他サ) 希望

楽観【らっかん】⓪(名・他サ) 乐观

概して【がいして】①(副) 一般说来,总体来看

通常【つうじょう】⓪(名) 通常

解説
跟我来ついてこい

1.「~に生きる」惯用表达,意为"生于……""生活在……"。注意这是一种诗兴用语,日常会话一般说「希望を持って生きる」。

　　◇彼女は一生を子供教育に生きて(捧げて)きました。/她为儿童教育献出了一生。

2.「概して」副词,用来概括某事,意为"一般""总的来说"。

　　◇学生は概して規律を守るほうです。/总的来说,大学生还是比较守纪的。

3.「若き」形容词的文语形式,其中的「き」是连体形,此处作定语用。

　　◇この歌を聞くと、若き日々が思い出されます(若き日々を思い出します)。/听到这首歌就不由自主地想起年轻的岁月。

4.「どんな～であれ」句型,接名词,意为"不论……都……"。口语说「どんな～でも」。书面语。

　　◇どんな理由であれ、所かまわずゴミを捨てるなんて許せません。/无论何种理由都不允许随地扔垃圾。

原文翻译

　　活在希望里,青春永为伴。※三木清(1897～1945):哲学家。日本兵库县人。

　　一生の志を立てることが根本です。つまり自分の生涯を貫く志を打ち立てるということです。※森信三(もりしんぞう,1896～1992):哲学者・教育者。愛知県生まれ。

　　コメント:「志ある者は、事、竟(つい)に成る」という諺があります。一生の志を持てば、困難があっても挫けず、いつか必ず実現できるという意味です。簡単に叶えられてしまう小さな夢より、一生かかって達成するような巨大な志を、若いうちに心の中に立ててみましょう。

基本語彙

根本【こんぽん】①③(名) 根本,基础

打ち立てる【うちたてる】④⓪(他一) 建立,树立

挫ける【くじける】③(自一) 消沉,沮丧

叶える【かなえる】③(他一) 实现,满足

 **解説**
跟我来ついてこい

1. 「志を立てる」慣用語，意为"立志"。
   ◇志を立てるのに遅すぎるということはありません。/立志无所谓太晚。
2. 「志ある者は、事、竟に成る」谚语，源自中国的古训，意为"有志者事竟成"。
   ◇「志ある者は事竟に成る」というように、どれほど困難なことでも、志を持って諦めずに臨めば、必ずやり遂げることができます。/正如"有志者事竟成"，无论什么难事，只要有志向，不放弃，就一定能够成功。

原文翻译

立下一生的大志才是根本。也就是说要树立起贯穿自己终生的志向。

※森信三（1896～1992）：哲学家、教育家。日本爱知县人。

私から年齢を奪わないでください。これは私が年月をかけて作った財産なのですから。※渡辺和子。

コメント：年齢を財産と見なし、命をいとおしむ生き方というのは、決して不幸や苦しみと無縁の人生を指すのではなく、人生で出会う一つ一つのことを丁寧に自分らしく受け止め、自分のものとしてゆく生き方のことだと思います。

基本語彙

いとおしむ④（他五）珍惜；可怜；喜爱

無縁【むえん】⓪（名・形動）无缘

指す【さす】①（他五）指；指出

丁寧【ていねい】①（形動・名）认真，小心谨慎

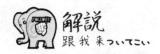 解説
跟我来ついてこい

「年月をかける」慣用語，意为"花费时间"。类似的说法还有「時間をかける」。

◇彼女は教育事業が成功するまで長い年月をかけるそうです。/听说她花费了漫长的时间才在教育事业上获得了成功。

原文翻译
请不要夺走我的年龄，那是我长年累月积攒下来的财产。※渡边和子。

年齢というものは、とてもすてきなものです。そして、魂、スピリットというものは、自分が何歳であるかを知らないのです。私はもう歳を取ったとか、今から何かをするには遅すぎるとか思わないで、スタートしたその時がすばらしいのです。遅すぎません、今からということが大切だと思います。

※小曽根真（おぞねまこと，1961～）：ジャズピアニスト。兵庫県生まれ。

コメント：何かしたいことがあるとき、自分の年齢を考えて諦めるとしたら、それは常識に屈服したということです。魂は常に常識の範囲外にあり、あなたの意欲や情熱が燃焼するのを今か今かと待っています。

基本語彙

スピリット【spirit】②（名）精神
スタート【start】②（自サ・名）开始，出发
ジャズ【jazz】①（名）爵士乐

締める【あきらめる】④(他一) 放弃
屈服【くっぷく】⓪(自サ・名) 屈服,折服
燃焼【ねんしょう】⓪(自サ・名) 燃烧

解説 跟我来ついてこい

「今か今かと待つ」惯用语,意为"迫不及待"。以叠语形式突出描写急不可耐的心情。

◇開演前、劇場は今か今かと待つお客さんの熱気で溢れています。
/演出前,剧场里聚集着迫不及待的热情观众。

原文翻译

年龄真乃绝妙之物。而所谓的灵魂和精神都不知道自己芳龄几何。所以不要想着"我年纪大了""现在做什么都为时已晚",行动之时就是精彩。我认为没有太晚,从现在做起才是重要的。※小曽根真(1961～):爵士钢琴家。日本兵库县人。

死は人間卒業。自殺は人間廃業です。※淀川長治(よどがわながはる,1909～1998):映画評論家。兵庫県生まれ。

コメント:人間を学校とするなら、生まれた時が入学、死が訪れた時が卒業です。ですから死は終わりではなく新たな人生の始まりなのです。また人間を職業とするなら、辛くても最後の最後までやり通すことが責任ある態度と言えます。借金だらけで夜逃げして仕事を廃業する人は最低でしょう。自殺もそれと同じです。

基本語彙

自殺【じさつ】⓪(名・自サ) 自杀

廃業【はいぎょう】⓪(名・他サ) 歇业
やり通す【やりとおす】③(他五) 干完，做完
責任【せきにん】⓪(名) 责任
借金【しゃっきん】③(名・自サ) 欠债，借钱
夜逃げ【よにげ】⓪③(自サ・名) 夜间出逃
最低【さいてい】⓪(形動・名) 最差劲；最低

1.「最後の最後」以重复的形式强调「最後」，意为"最后关头"。
 ◇最後の最後まで、きっちり終えることができなければ、なんの意味もありません。/如果最后关头不能圆满结束的话，就毫无意义。
2.「責任ある」口语，原形是「責任がある」，意为"有责任"。
 ◇「責任ある市民」を育成することはとても大切なことです。/培养有责任心的市民是非常重要的。

原文翻译

死乃人生毕业，自杀乃人生歇业。※淀川长治(1909～1998)：电影评论家。日本兵库县人。

人生には、「本当に大切なもの」を選び直す時期があります。そして、「本当に大切なものを大切にする」という新しい生き方へと、変っていくのです。
※中島勇一(なかじまゆういち,1956～)：心理療法家(出身不明)。
コメント：人はいつか必ず大きな事件に巻き込まれ、人生観の転換を迫られます。今まで大切と思っていたものが大切でなくなり、まったく別のものが大切になる瞬間です。人はそうやって常に何かを大切にしながら生きていきます。ですから、何を大切にしているかでその人の現在の人生観を垣間

見ることができます。

基本語彙

時期【じき】①（名）时期

巻き込む【まきこむ】③（他五）牵连；卷进

迫る【せまる】②（自他五）迫使；临近

垣間見る【かいまみる】④（他一）窥视，偷看

原文翻译

人生有时需要重新选择"真正重要的东西"，于是人生就会朝着"重视真正重要的东西"这个新的方向转变。※中岛勇一（1956～）：心理治疗专家（出生地不详）。

大事なことは何か。何ごとによらず、一つずつの行為を十分に味わいながら、その一瞬を大切に過ごすこと。それが今、特に大切に思われてならないことなのです。※五木寛之。

コメント：退屈な作業をのめり込むようにやってみましょう。積極的な関わりをした分だけ感じられるものも多いのです。一瞬の時間が何倍にも広がります。

基本語彙

のめり込む【のめりこむ】④⓪（自五）陷入，沉迷

解説
跟我来ついてこい

「～てならない」句型，接动词或形容词连用形（名词、形容动词词干＋「でならない」）后，表示某种感觉、感情自然而然地流露，自己无法控制。

◇将来がどうなるか、不安でなりません。／我忐忑不安，担心将来的命

运如何。

原文翻译

何为重要？就是事无巨细，均悉品味滋味，珍惜品味瞬间。我认为这才是眼下至关重要的。※五木宽之。

迷う暇がなかった人生も一つの人生ではありますが、それは語るには値しません。人生の深みは、人間的な迷い、悩み、苦しみの深さを通して生まれるものだと思います。※杉田秀夫(すぎたひでお,1931～1993)：瀬戸大橋・坂出工事事務所長。香川県生まれ。

コメント：「迷わぬ者に悟りなし」と言います。疑問を持ち、それを解いていくことで真の理解が得られます。悩みや苦しみを解決していく過程を通して人生の妙味が分かるのです。

基本語彙

迷う【まよう】②（自五）困惑

暇【ひま】⓪（名・形動）时间；闲暇

語る【かたる】⓪（他五）说

瀬戸大橋【せとおおはし】③⓪（名）瀬戸大桥

坂出【さかいで】⓪（名）（香川县北部的市）坂出

工事【こうじ】①（名・自サ）工程，工事

疑問【ぎもん】⓪（名）疑问

解く【とく】①（他五）解答

妙味【みょうみ】①③（名）妙处，妙趣

 **解説** 跟我来ついてこい

1.「〜ではありますが、〜」句型，接名词或形容动词词干后，用于阐述对比性事项。书面语。

　　◇彼は才能の豊かな人間ではありますが、努力が足りません。/他才华横溢，但是缺乏斗志。

2.「迷わぬ者に悟りなし」谚语，意为"没有困惑就没有领悟"。

　　◇若いときは悩みが多いのは当たり前です。むしろ、迷わぬ者に悟りなし、です。/年轻时烦恼多是正常的。更确切地说就是"没有困惑就不会有顿悟"。

原文翻译

　　无暇彷徨的人生虽然也是一种人生，但那不值一提。我觉得人生的深邃产生于人类特有的迷茫、烦恼以及痛苦的程度。

※杉田秀夫(1931〜1993)：濑户大桥、坂出工程事务所所长。日本香川县人。

「自分は誰?」自分は「探す」ものではなくて、「なる」ものなのです。私たちは、今を精魂込めて生きているうちに、ユニークな「誰か」になっていくのです。※原田真裕美(はらだまゆみ,生年不明)サイキックカウンセラー。大阪府生まれ。

コメント：「探す」ということは、他の場所にそれがあるということです。しかし自分という存在はすでにここにいるのです。ただそれは、まだ個性の磨かれていない、ありふれた存在です。今を一生懸命生きて、いろいろな経験を通してこそ、世界にたった一つの個性を開花させることができます。

基本語彙

精魂【せいこん】①⓪(名) 全部精力,精神,灵魂
ユニーク【unique】②(形动) 独一无二,独特
サイキック【psychic】③(形动・名) 心理(的),精神(的)
個性【こせい】①(名) 个性
磨く【みがく】⓪(他五) 磨炼
ありふれる⓪(自一) 不稀奇,常有
開花【かいか】①(自サ・名) 结果,成果

解説 跟我来ついてこい

1.「今を生きる」慣用語,其中「を」表示自动词的移动。意为"生活在当下"。
　◇いろいろな困難にぶつかってあれやこれやと争っているうちに、今を生きることの大切さを知りました。/在遭遇各种困难并与其抗争的过程中,明白了活在当下的重要性。
2.「精魂(を)込める」慣用語,意为"专心致志""全力以赴"。
　◇彼は教材作りに精魂を込めて、健康のことを少しも構おうとはしません。/他专心致力于编写教材,丝毫不注意身体。

原文翻译

"我是谁?""我"不是"寻找出来"的,而是"自然形成"的。经过努力奋斗我们就会成为独一无二的"某个谁"。※原田真裕美(生年不详)心理问题咨询师。日本大阪人。

「変化」を恐れてはいけません。自分の変化、他の人の変化、社会の変化、なんであれ変化を喜びなさい。宇宙は静止した世界ではありません。常に変

化し続けています。あなたも、他の人も、社会も、すべてが変化の中にあるのです。むしろ変化を楽しみなさい。※葉祥明。

　コメント:面白い映画や小説は物語の抑揚に富んでいます。安定ばかりで変化がなければ退屈です。人生を一つの物語と仮定すればむしろ変化が欲しくなるでしょう。注意することは、いい変化と悪い変化の見極めです。周囲が悪く変化したら、その影響を受けないように気をつけてください。

基本語彙

　静止【せいし】⓪(自サ・名) 静止

　むしろ①(副) 莫如,与其……倒不如……

　物語【ものがたり】③(名) 故事,传说

　抑揚【よくよう】⓪(名) 抑扬

　富む【とむ】①(自五) 富于

解説
跟我来ついてこい

1.「むしろ」副词,用于将两个事物加以比较,表示从某方面来说,其中一方程度更高一些。意为"倒不如说""反倒"。

　◇景気がよくなるどころか、むしろ悪くなってきています。/经济状况不但没有好转,反倒越来越糟。

2.「～に富む」惯用表达,意为"富于……""充满……"。作谓语时常用持续体「ている」的形式,作定语时常用连用形＋「た」(「だ」)的形式。

　◇子供はとても想像力に富んでいます。/孩子特别富有想象力。

3.「～影響を受ける」惯用表达,意为"受……影响"。相反,表示"影响……"时则用「～に影響を与える」「～に影響を及ぼす」「～に影響する」等。

　◇何かを決めるとき、他人の影響を受けたことはありませんか?/在决定什么的时候,是否受到过别人的影响?

原文翻译

　别怕"变",要对任何变化,如自身的变化、他人的变化、社会的变化感到喜

悦。宇宙不是静止的，它总是在不断地变化。你我他和社会，所有的一切都处于千变万化之中。你莫不如就干脆去尽情享受这种变化吧。※叶祥明。

「人間」の「間」という字を広辞苑で調べると、説明の六番目あたりに「めぐりあわせ」とありました。これはとても大きな教えでした。人生というのはめぐりあわせの連続です。そう思えばね、起こることすべてがよき人生の機縁になるんじゃないでしょうか。※松原泰道。

コメント：「躓く石も縁の端」と言います。世の中で出会うことは偶然ではなくて、何らかの縁で結ばれているのです。石は無数にありますが、その中の一つに躓いたということは縁があるからです。ならば好きな人も嫌いな人も、出会う人すべてが自分と縁があることになります。そこから何かを感じ取れれば、つまらない憎しみも怒りも消えていくでしょう。

基本語彙

広辞苑【こうじえん】④（名）广辞苑（国语辞典名）

めぐりあわせ【巡り合わせ】⓪（名）机缘，命运

機縁【きえん】①（名）机缘，机会

端【はし】⓪（名）开端，开始

結ぶ【むすぶ】⓪（他五）结合，连接

憎しみ【にくしみ】⓪④（名）憎恶，憎恨

1.「～あたり」接尾词，前接表示人物、场所、时间的名词或数量词等，意为"大概""左右"。

　　◇次の日曜日あたりには来るでしょう。／大约在下星期天来吧。

2.「～とある」句型,表示处于某种人为动作造成的状态下。此处表示「～と書いてある」。

　　◇友人からのメールに、「おめでとう」とありました。/朋友发来的邮件上写着"恭喜"。

3.「(思えば)ね」中「ね」是「間投詞」,位于一句话的间隔处,起到稍作停顿、缓和语气的作用。意为"啊""呀"。

　　◇実はね、ちょっと面倒な問題があるんです。/其实呢,我还真有件麻烦事。

4.「躓く石も縁の端」谚语,意为"绊脚石也是缘分的开始""邂逅即为缘"。

　　◇「躓く石も縁の端」という言葉もあるように、人の縁とは本当に異な
　　もの味(あじ)なものですね。/就如"邂逅即为缘"所说,人之间的缘分真是不可思议。

5.「縁がある」惯用语,意为"有缘"。相关用法还有「縁がない」(无缘)、「縁を切る」(断绝关系)等。

　　◇ご縁があったらまたお目にかかりましょう。/假若有缘,还会见面的。

原文翻译

　　打开《广辞苑》查找"人间"的"间"字,字典的第6条上解释为"机缘"。这让我茅塞顿开。人生原来就是连续不断的机缘啊。这么一想,那发生的一切的一切不就都成了美好人生的机缘吗?※松原泰道。

　　今をこの時を、精いっぱい生きるように心がけたいものです。今日の成果は、過去の努力の結果であり、未来はこれからの努力で決まる。※稲盛和夫。

　　コメント:現在が何の成果もない状態なら、過去の自分を叱りつけ、もっと

努力しようと発奮するべきです。そして未来の自分に褒めてもらえるように、喜んでもらえるように、今を懸命に生きましょう。

基本語彙

精いっぱい【せいいっぱい】③(副) 竭尽全力
叱りつける【しかりつける】⑤(他一) 严厉斥责
発奮【はっぷん・発憤】⓪(自サ・名) 发奋
褒める【ほめる】②(他一) 称赞，表扬
懸命【けんめい】⓪(形動) 拼命(地)，竭尽全力(地)

跟我来ついてこい

「～ように」为样态助动词（也叫"比况助动词"）「～ようだ（ようです）」的连用形，属于形容动词形活用助动词。接在活用词连体形或连体词、体言＋「の」后，修饰用言时用「ように」，假定形是「ようなら（ば）」，结束句子时用终止形「ようだ/ようです」，表示例示、比喻、同样内容等。后续动词也可省略（口语）。省略则具有劝诱、允许或禁止的含义。其含义要根据上下文灵活判断。

　　◇どのようにしますか。簡単ですよ。このようにします。/怎么做？简单！就这么做。

　　◇早く行くように（頑張ります）。/（尽量）早去。

　　◇風邪を引かないように気をつけてください。/小心别感冒。

原文翻译

　　我要坚持做到竭尽全力过好现在的每时每刻，我们要牢记这一点。今天的成就是过去努力的结果，未来取决于今后的努力。※稲盛和夫

世の中には、自分にとって無駄な事はないものです。損になることでも害

になることでも、苦しまされることでも、じっくり見つめて考えると、そこから必ず得られるもの、学ぶべきこと、ためになること、参考になることがある。人生にムダはないのです。※塩谷信男。

　コメント：好ましくない経験をしたとき、人は不運や怒りを感じます。しかしその経験を新しい視点から見れば思わぬ知見が得られます。経験は放置すると何も気づくことができず、本当に無駄になってしまいます。それを活用しようとする意志があって初めて「人生に無駄はない」という言葉が生きてきます。

基本語彙

　参考【さんこう】⓪（名）参考

　知見【ちけん】⓪（名）见识，想法

　放置【ほうち】①⓪（他サ・名）置之不理

解説
跟我来ついてこい

1.「ためになる」慣用语，意为"有好处""有用处"。
　　◇ためになる情報は一つもありません。／有价值的信息一个都没有。

2.「無駄になる」慣用语，意为"白费""浪费"。
　　◇無駄になる努力はありません。／只要努力了，就不会白费。

原文翻译

　　世间没有无用之物，只要定心思考，就必有所得。即便吃亏、即便有害、即便受苦受难，这其中必有可学之识、可取之物、可鉴之镜。总之，万物皆有用，人生无弃物。※盐谷信男。

人生は往復切符を発行していません。ひとたび出立したら再び帰ってきません。※ロマン・ロラン(1866〜1944):ノーベル文学賞受賞作家・思想家。フランス人。

コメント:人は片道切符を持って列車に乗り込みます。列車は荒れ果てた大地や鮮やかな花畑の中を走っていきます。終着駅に着いたとき、心の中にはどんな景色が広がっているでしょうか。

基本語彙

往復切符【おうふくきっぷ】⑤(名)往返车票
発行【はっこう】⓪(他サ・名)发售,发行
出立【しゅったつ】⓪(自サ・名)出发
再び【ふたたび】⓪(副)再,又
片道【かたみち】⓪(名)单程
乗り込む【のりこむ】③(自五)乘上
荒れ果てる【あれはてる】④(自一)荒凉,荒废
大地【だいち】①(名)陆地,大地
花畑【はなばたけ】③(名)花圃,花田
終着駅【しゅうちゃくえき】④(名)终点站

原文翻译

人生不售往返票,单程旅行无归期。※罗曼・罗兰(Romain Rolland,1866〜1944):诺贝尔文学奖获奖作家、思想家。法国人。

どんな世界も学べば学ぶほど奥が深いことを知るのではないでしょうか。毎日を最後の一日のように思って生きよ。※セネカ(紀元前1年頃～65)：ローマ帝国の政治家・哲学者。

コメント：「無常の風は時を選ばず」と言います。いつ風が命をさらっていくか予測できないという意味です。今日が人生最後の一日ならいつまでもベッドの中で寝ている場合ではありません。好きな人がいるなら、その人のところまで走っていき、大声で告白するべきです。

基本語彙

無常【むじょう】⓪(名・形動) 无常

告白【こくはく】⓪(他サ・名) 表白，坦白

解説 跟我来ついてこい

1. 「無常の風は時を選ばず」谚语，意为"无常夺命不选时""生死难测"。
   ◇「無常の風は時を選ばず」というように、人の死は何時やってくるか分かりません。/正如"无常夺命不选时"所说，不知死神何时来。

2. 「命をさらう」惯用语，意为"夺去生命"。
   ◇津波(つなみ)が一瞬にして家や人の命をさらっていきました。/海啸一瞬间卷走了房屋，夺走了人命。

原文翻译

任何领域，都是越学越能发现它的深奥吧。活着就要把每一天当成最后一天那样珍惜。※卢修斯·阿纳尤斯·塞内卡(Lucius Annaeus Seneca，约公元前1～65)：罗马帝国政治家、哲学家。

生まれる時も一人、死ぬ時も一人、人生は他人が代わってくれない自分だけの時間です。※ジェームス三木(ジェームスみき,1935～):脚本家。中国瀋陽市生まれ。

コメント:人生は確かに自分だけの時間ですが、主体的に生きるという自覚を持たず、流されるように生きていると、結果的には他人が自分に代わって生きているのと同じです。人は誰もが人生の主人公です。その座を与えられた以上、主役を演じきらなければなりません。

基本語彙

代わる【かわる】⓪(自五) 代替,替代

瀋陽【しんよう】①(名) (中国)沈阳

主体的【しゅたいてき】⓪(形動) 积极(的),主动(的)

主人公【しゅじんこう】②(名) 主人公,主角

座【ざ】⓪①(名) 席位;地位

主役【しゅやく】⓪(名) 主角

演じる【えんじる】③⓪(他一) 扮演

解説 跟我来ついてこい

「～以上」名詞,作接续助词用,前项多接过去助动词「た」,意为"既然……"。

◇絶対にできると言ってしまった以上、どんな失敗も許されません。
／既然把话都说到"绝对能行"的份儿上了,就只许成功不许失败。

原文翻译

呱呱落地独一人,辞世亦只单人行,人生光阴唯属己,岂容他人来顶替。※詹姆斯三木(1935～):剧作家。生于中国沈阳。

人生は純粋な冒険です。そのことに気づくのが早ければ、それだけすみやかに人生を芸術として扱うことができます。※マヤ・アンジェロウ(1928～)：アメリカの詩人。

コメント：冒険は危険と隣り合わせですが、何かを追い求めるという刺激に満ちた過程です。そして芸術とは、美を追求、表現しようとする活動です。人は常に何かを求める存在なのです。冒険であり芸術である人生の絵を極彩色で描いていきましょう。

基本語彙

純粋【じゅんすい】⓪(形動・名) 纯粋；单纯

すみやか【速やか】②(形動) 迅速

芸術【げいじゅつ】⓪(名) 艺术

扱う【あつかう】⓪③(他五) 对待；处理

隣り合わせ【となりあわせ】④(名) 邻接，相邻

追い求める【おいもとめる】⑤(他一) 追求

極彩色【ごくさいしき】③(名) 五彩缤纷；花花绿绿

原文翻译

人生就是一种真正的冒险。感悟得越早就越能够尽早做到视人生如艺术。※玛亚·安杰洛(Maya Angelou,1928～)：美国诗人。

人間として一つでも弱いところがなかったら、人生は分らないでしょう。
※長与善郎(ながよよしろう,1888～1961)：作家・劇作家。東京都生まれ。

コメント：弱さがある人は、その弱さを克服しようと必死に努力し、這い上がっていきます。その過程で人生の意味を摑み取るのです。また、弱さがあると、苦労したり悩んだりします。それが人生に深みを与えます。この世のほとんどの人間は弱さを抱え、辛さを耐え忍んで生きています。弱さがあることは、彼らのいる地平に立ち、他人の人生をも見渡せるということです。

基本語彙

耐え忍ぶ【たえしのぶ】④（他五）忍受，忍耐

地平【ちへい】⓪（名）地平面，地平线

見渡す【みわたす】③⓪（他五）瞭望，远眺

原文翻译

　　人无弱点，难解人生。※长与善郎（1888～1961）：作家、剧作家。日本东京人。

21、

　　人生の意義はあなたが人生から逃れることでなく、何を与えるかなのです。これが分かれば人生は豊かになります。※マーティン・ルーサー・キング・ジュニア（1929～1968）：ノーベル平和賞受賞者・公民権運動の指導者・牧師。アメリカ人。

　　コメント：通常、「自分の人生」という言い方をしますが、「自分」と「人生」を分けてみることも可能です。例えば両親からの虐待、学校でのいじめ、交通事故での後遺症など不幸な人生が自分を苛みます。そこで人生から逃げると不幸が不幸で終わってしまいます。逃げずに、不幸の意味を前向きに考え

て、人生に対して何らかの建設的な返答をするのです。それが「与える」ということです。

基本語彙

逃れる【のがれる】③（自一）逃避
牧師【ぼくし】①⓪（名）牧師
虐待【ぎゃくたい】⓪（名・他サ）虐待
いじめ⓪（名）欺负，虐待
後遺症【こういしょう】③（名）后遗症
苛む【さいなむ】③（他五）折磨，虐待
返答【へんとう】⓪③（名・自他サ）回答，回话

原文翻译

人生的意义在于给予而非逃避。明白了这一点，你的人生精彩无限。※马丁·路德·金（Martin Luther King，1929～1968）：诺贝尔和平奖获得者、公民权运动的领袖、牧师。美国人。

一生悟れなくてもいいから感動いっぱい、感激いっぱいの命を生きたいと思います。※相田みつを。

コメント：悟りの境地に至るには、絶食や滝に打たれるなどの厳しい修行が必要ですから、それは仏僧に任せておけばいいのです。私たち一般の人は、命を感動や感激で満たすことに価値を置くべきです。

基本語彙

境地【きょうち】①（名）心境，境界
絶食【ぜっしょく】⓪（名・自サ）绝食
滝【たき】⓪（名）瀑布

仏僧【ぶっそう】⓪（名）和尚

「～に価値を置く」惯用表达，接名词或形式体言句后，意为"把重点放在……方面"。

◇人によって大切にしている価値観が違います。例えば仕事に価値を置く人もいれば、家族に価値を置く人もいます。/价值观因人而异，有的人看重事业，有的人看重家庭。

原文翻译

此生无顿悟又何妨？精彩跌宕、激情飞扬的生命历程才是我的追求。※相田光男。

あなたの運命は、決意の瞬間の積み重ねで作られているのです。※アンソニー・ロビンズ（1960～）：アメリカのサクセスコーチ。

コメント：たくさんの選択肢から最善のものを選ぶのは難しいです。しかし時間をかけて選び出すよりも、その場で大胆に決断したほうが、その分早く先に進めます。

基本語彙

サクセス【success】①③（名）（工作、事业的）成功，成就

コーチ【coach】①（名）技术指导，教练

選択肢【せんたくし】④③（名）选项

大胆【だいたん】③（形動・名）大胆，勇敢

 **解説**

「その場」连语,此处并非表示具体指代的地点,而是表示"当场""当时"等意。
◇可能性があるかどうか、その場にならないと分かりません。/有无可能,不到那一步不清楚。

原文翻译

一个个决断瞬间积累构筑起你的命运。※安东尼·罗宾斯(Anthony Robbins,1960~):美国潜能开发专家、成功导师。

人生八十年とすると、日数にすると三万日しかない。二十七歳が一万日、五十四歳が二万日、八十歳で三万日となる。人生を計画的に生きないと駄目ですよ。※丸山薫(まるやまかおる,1899~1974):詩人。大分県生まれ。

、コメント:一万日を単位に人生を三段階に分けて捉えると、過ごしてきた日数やこれから過ごす日数が意識されるでしょう。二十七歳までの一万日の間に積み上げた知識や経験を、次の二十八歳からの一万日に引き継ぎますが、そのとき、引き継ぐものが乏しかったら恥ずかしくなります。行き当たりばったりにならないようにしてください。

基本語彙

日数【にっすう】③(名) 天数

大分【おおいた】①⓪(名) 大分(县)(位于日本九州地区东北部)

単位【たんい】①(名) 单位

段階【だんかい】⓪(名) 阶段,步骤

積み上げる【つみあげる】④(他一) 积累

引き継ぐ【ひきつぐ】③(他五) 交接,继承

行き当たりばったり【ゆきあたりばったり】⑥⑧(形動・名) 漫无计划

解説
　　　　跟我来ついてこい

1.「(八十歳)で」格助词,表示时间限度。
　　◇夏休みは明日で終わります。／暑假明天结束。
2.「行き当たりばったり」惯用语,由表示"道路尽头"的名词「行き当たり」和表示"突然中断"的副词「ばったり」构成,在此引申为"没有计划""没谱"。
　　◇行き当たりばったりなやり方では成功しません。／漫无计划的做法难以成功。

原文翻译
　　假设人生有80年,以天数计算只有3万天。27岁是1万天,54岁是2万天,到80岁才3万天。因此人生一定要有规划。※丸山薫(1899～1974):诗人。日本大分县人。

　　自分の人生は自分で責任をとりなさい。すると、どうなるか？恐ろしいことに、誰のせいにもできなくなります。※エリカ・ジョング(1942～):アメリカの作家。

　　コメント：人は皆、人生の管理者です。人生に何か起これば、管理者の責任が問われるのは当然です。責任ある態度で、職務を全うしなければいけません。

基本語彙
恐ろしい【おそろしい】④(形) 可怕(的);惊人(的)
管理【かんり】①(名・他サ) 管理
職務【しょくむ】①(名) 职务,任务

全うする【まっとうする】⓪③(他サ) 完成

1.「責任をとる」惯用语,意为"负责任""承担责任"。
　　◇私は一切の責任をとりません。/我不负任何责任。
2.「～ことに」句型,接表示情感的形容词、形容动词和动词后,表示针对后项提前发表说话人的感受。
　　◇驚いたことに、彼女はもうその話を知っていました。/奇怪的是,她已经知道了那件事。
3.「～のせいにする」句型,接体言后,意为"归咎于……"。
　　◇彼はいつも失敗を人のせいにしています。/他总是把失败归咎于别人。

原文翻译

　　自己的人生自己负责。不可思议的结果就是你再也怪罪不了他人。※艾丽卡·琼(Erica Jong,1942～):美国作家。

　　幸せな人生には2種類のメガネが必要です。ひとつは人生の目標を眺めるための遠メガネ。もうひとつは日々の小さな喜びを見落とさないための虫メガネ。※中山庸子。

　　コメント:人生の目標への道は険しいものです。しかしその道に色とりどりの花が咲いていたら、楽しく最後まで歩いていけるでしょう。

基本語彙

遠メガネ【とおめがね】③(名) 望远镜

虫メガネ【むしめがね】③(名) 放大镜
険しい【けわしい】③(形) 险峻；艰险
色とりどり【いろとりどり】④(名・形動) 各式各样；五颜六色

原文翻译

　　幸福人生需要两副镜。一副是望远镜，用于眺望人生目标；另一副是放大镜，以防错过每一天的点滴喜悦。※中山庸子。

　　運勢という字は「勢いを運ぶ」と書きます。つまり、運勢は勢いです。運勢をよくしたいと思ったら、なんでも勢いよくしましょう。※斎藤一人(さいとうひとり，1948～)：銀座まるかん創業者。東京都生まれ。

　　コメント：運という外部のものに操られるのではなく、逆に自分から運を作りだしてみましょう。不運続きなら、朝食を早食いし、ホームの階段を駆け上がり、人の波を押しのけて、会社まで全力疾走してみてください。勢いの中に自分を投じれば、やがて運勢も加速します。

基本語彙

運勢【うんせい】①(名) 运气，命运
勢い【いきおい】③(名) 气势；势头；趋势
朝食【ちょうしょく】⓪(名) 早饭
早食い【はやぐい】④(他サ・名) 狼吞虎咽
ホーム①(名) 站台，月台
駆け上る【かけあがる】④⓪(自五) 往上跑
押しのける【おしのける】④(他一) 推开；排挤
疾走【しっそう】⓪(自サ・名) 快跑；疾驰
投じる【とうじる】⓪③(他自一) 投身，置身于……
加速【かそく】⓪(自他サ・名) 加速

原文翻译

　　运势二字即"运行气势"。也就是说,运势即气势。要想运势好,无论做何事都得气势如虹。※斎藤一人(1948〜):银座丸汉有限公司(化妆品、健康食品)的创业者。日本东京人。

　　苦しむことから逃げちゃイカン。人生はずっと苦しいんです。苦しさを知っておくと、苦しみ慣れする。これは強いですよ。※水木しげる(みずきしげる,1922〜):漫画家。鳥取県生まれ。

　　コメント:水木しげるは若いとき、戦争で左腕を失いましたが、それでも漫画を描き、成功しました。苦しさを標準化してしまえば、のちの人生で苦しさにぶつかっても、平気でいられます。

基本語彙

　戦争【せんそう】⓪(名) 战争
　鳥取【とっとり】④(名) 鸟取(县)(位于中国地区东北部)
　左腕【ひだりうで・さわん】①⓪(名) 左臂

解説
跟我来ついてこい

　「〜ちゃいかん」句型,意为"禁止干某事"。其中「ちゃ」是「ては」的约音,「いかん」是关西方言,即「いけません」。

　　◇君、初めて会った人にそんな失礼なことを言っちゃいかんよ。/喂,对初次见面的人不能说那么失礼的话。

原文翻译

　　不能因为痛苦就逃避。人生总处在痛苦之中。懂得痛苦就会习惯痛苦,这使人坚强。※水木茂(1922〜):漫画家。日本鸟取县人。

　自分の足跡を残したい。人の評価でなく、自分でものを作り出したい。年がいくほど、ますます青春を感じて夢が広がるんです。でも、次に必ず壁はある。それを乗り越えたとき、パッとまた新しい世界があります。だから、厳しく自分を鞭打ってやってきたときは、振り返ったとき、実に爽やかです。

※植村直己（うえむらなおみ，1941～1984）：冒険家、登山家。兵庫県生まれ。

　コメント：夢は常に壁の向こうにあります。夢に手が届いたら、また新たな夢と壁が出現します。夢への追求が人生の厳しさと快楽をもたらします。私たちが死ぬに際して人生を振り返るとき、そこには何が見えるのでしょうか。

基本語彙

足跡【あしあと】③（名）足迹；成就

残す【のこす】②（他五）留下

評価【ひょうか】①（名・他サ）评价

パッと①（副）突然一下子；迅速

鞭打つ【むちうつ】①③（他自五）鞭策；鞭打

際する【さいする】③（自サ）碰见，遭遇

振り返る【ふりかえる】③（自五）回顾；回头

出現【しゅつげん】⓪（自サ・名）出现

快楽【かいらく】①⓪（名）快乐

解説
　　　跟我来ついてこい

1.「年がいく」惯用语，还可说成「年がゆく」，意为"年龄增长""岁月流逝"。

　　◇年がいくにつれて、物忘れが激しくなってきました。/随着年纪增

长,忘性越发严重起来。

2.「～に際して」连语,接体言或动词终止形后,意为"以某事为契机"。书面语。

◇お別れに際して一言ご挨拶を申し上げます。/临别之际,请允许我讲几句。

原文翻译

我想留下自己的足迹,不是为了别人的评价,而是想做出自己的东西。随着年龄增长,你会越来越感受到青春的扩展,梦想的膨胀。但接下来一定会有障碍出现。跨越了这个障碍,崭新的世界就会蓦然展现在眼前。所以,一直鞭策自己并越过障碍,回首过往时,你会觉得着实淋漓畅快。※植村直己(1941～1984):冒险家、登山家。日本兵库县人。

その他

　私は冷ややかな頭で新しい事を口にするよりも、熱した舌で平凡な説を述べる方が生きていると信じています。※夏目漱石（なつめそうせき，1867～1916）：小説家。東京都生まれ。

　コメント：批評家は物事を冷静な視点で捉え、斬新な見解を語ります。それは職業としてそのような立場が求められるからです。しかし新しい物事に接して、驚きや興奮をそのまま話すのは、人間の自然な反応です。批評家に徹するあまり、自然さを失ってはいけません。

基本語彙

　冷ややか【ひややか】②（形動）冷静；冷淡
　熱する【ねっする】⓪③（自他サ）兴奋，激动；发热
　平凡【へいぼん】⓪（形動・名）平凡
　述べる【のべる】②（他一）陈述，叙述
　斬新【ざんしん】⓪（形動）崭新，新颖
　見解【けんかい】⓪（名）见解
　興奮【こうふん】⓪（名・自サ）兴奋，激动
　徹する【てっする】⓪③（自サ）贯彻始终

 解説
　　　　跟我来ついてこい

1.「口にする」慣用語，意为"提及""吃""喝"。此处为"说起"的意思。
　　◇昔のことを口にしたくない人もいます。/也有人不喜欢谈论过去的

事情。

2.「～に徹する」慣用表達,接体言后,意为"彻底""贯穿始终"。

◇彼は金もうけに徹していて、ほかに何にも関心を持っていません。
/他一心一意地赚钱,对其他任何事都漠不关心。

原文翻译

我坚信,以热情的口吻来讲述平凡的主张,比用冷静的头脑来诠释新鲜的事物更能打动人心。※夏目漱石(1867～1916):小说家。日本东京人。

今私の一番好きな仕事といえば、夜星空を眺めることです。なぜかというと、この地上から、また人生から眼をそらすのに、これほど好い方法があるでしょうか。※トーマス・マン(1875～1955):ドイツの小説家。

コメント:どんなに希望のない夜でも星は必ず光ります。そして星たちは大いなる星座を描き雄大な物語を紡ぎます。人の一生も、地球上の問題も、星空に比べたらあまりに小さくて一瞬です。

基本語彙

星空【ほしぞら】⓪③(名) 星空

そらす【逸らす】②(他五) 转移视线,扭转方向

光る【ひかる】②(自五) 发光,发亮

雄大【ゆうだい】⓪(形動) 宏伟,雄伟壮观

紡ぐ【つむぐ】②⓪(他五) 纺(纱)

比べる【くらべる】⓪(他一) 比较

1.「なぜかというと」句型,用于解释原因的自问自答中,后句常出现「～からだ」「のだ」与之呼应。

◇彼が犯人であるはずはありません。なぜかというと、そのとき彼は私と一緒にいましたから。/他不可能是犯人。告诉你吧,因为当时他一直和我在一起。

2.「眼をそらす」惯用语,意为"避开视线""往别处看"。

◇眼をそらして彼の視線を避けました。/扭过脸去,避开他的视线。

原文翻译

说起我现在最喜欢做的事情,就是仰望夜晚的星空。为什么这么说呢?还有什么更好的办法能让我们的目光从地面、从人生转向他处吗?※保罗·托马斯·曼(Paul Thomas Mann,1875~1955):德国小说家。

仕事一筋の父です/男一筋の父です/情け一筋の父です/どんなことでも嫌がらず/人のために生きてきた父です/そして誰より母が好きな父です/母にはわがままを言うけれど/母がそばにいないと淋しがる父です/家族を愛し、自分の人生を一生懸命生きてきた父です/お父さん/いつまでも元気でいて下さい。※須永博士(すながひろし,1942~):詩人。東京都生まれ。

コメント:子供が成長して大人になり、父親を一人の人間として客観的に見られるようになっても、感情は「父」ではなく「お父さん」という言葉にこもります。長い間、その言葉で父親を呼び、父親のことを考えてきたからです。

基本語彙

一筋【ひとすじ】②（名・形動）一个劲儿，一心一意

淋しい【さびしい】③（形）孤寂

父親【ちちおや】⓪（名）父亲

こもる②（自五）固守，隐藏

解説
跟我来ついてこい

1.「〜一筋」用作接尾词，接名词后，表示"一门心思""一个劲儿"。

◇彼女は芸一筋に生きています。／她专心致志于艺术。

2.「わがままを言う」惯用语，意为"说任性的话"。

◇わがままを言うな。もう子供じゃないんだし。／别说任性的话，你又不是小孩。

3.「淋しがる」中的「がる」为接尾词，接名词、形容词以及形容动词词干后构成五段活用动词。常用来表示第二、三人称的心理活动、感觉等，一般不用于第一人称。如「嬉しい→嬉しがる／高兴→感觉高兴」「悲しい→悲しがる／悲伤→感到悲伤」「苦しい→苦しがる／辛苦、苦闷→认为辛苦、苦闷」等。

◇怖がらなくてもいいですよ。この人はお母さんの友達なんです。／别怕，这个人是妈妈的好朋友。

原文翻译

　　辛勤劳作的父亲／男人味十足的父亲／有情有义的父亲／从不嫌弃／为他人而活的父亲／还是最爱母亲的父亲／虽然对母亲说话粗声粗气／可母亲一旦不在身边又失魂落魄的父亲／热爱家人、打拼一辈子的父亲／我的父亲／愿你永远健康。※须永博士（1942～）：诗人。日本东京人。

　非常な善人と非常な悪人とは感じがほとんど同じです。※萩原朔太郎(はぎわらさくたろう,1886〜1942):詩人・作家。群馬県生まれ。

　コメント:善と悪はもともとは同一のものでしたが、純度を失って二つに分化しました。人間というものは中途半端な存在で、善と悪を併せ持ち、その間で常に揺れています。

基本語彙

善人【ぜんにん】③⓪(名) 好人,善人

悪人【あくにん】⓪(名) 坏人,恶人

純度【じゅんど】①(名) 纯度

分化【ぶんか】①⓪(自サ・名) 分化;分工

中途半端【ちゅうとはんぱ】④(形動・名) 半途而废;不彻底,含糊

併せ持つ【あわせもつ】④(他五) 兼有,兼具

揺れる【ゆれる】⓪(自一) 摇摆,不稳定

　　大善人和大恶人感觉上几无二致。※荻原朔太郎(1886〜1942):诗人、作家。日本群马县人。

　愚痴を言っている女の子が、美しく見えたなんてことは一度もありません。※寺山修司(てらやましゅうじ,1935〜1983):劇作家・歌人。青森県生まれ。

　コメント:愚痴は毒薬です。どんな美少女でも、その毒薬を口にすること

で、皮膚がただれ、髪が抜け、醜い様相を呈してしまうそうです。

基本語彙

青森【あおもり】⓪（名）青森（县）（位于东北地区北部）

毒薬【どくやく】⓪（名）毒药

美少女【びしょうじょ】②（名）美少女

ただれる⓪（自一）溃烂

抜ける【ぬける】⓪（自一）脱落

様相【ようそう】⓪（名）外观，状态

呈する【ていする】③（他サ）呈现，显示

解説
跟我来ついてこい

1.「愚痴を言う」惯用语，意为"发牢骚"。类似的说法有学过的「愚痴をこぼす」和「愚痴を吐く」。

　　◇愚痴ばっかり言って、建設的な意見は一つもありません。/尽发牢骚，没有任何建设性意见。

2.「（一度）もない」句型，以"最低限度的数量词＋「も」＋否定"的形式，表示从最低限度上加以否定，起到强调的作用。

　　◇客は一人も来ませんでした。/没有一个客人来。

3.「〜様相を呈する」惯用表达，意为"呈现出……状态"。书面语。

　　◇紛争は長期化の様相を呈しています。/争端呈现长期化的趋势。

原文翻译

我从来就没看出牢骚满腹的女孩儿哪儿漂亮。※寺山修司（1935〜1983）：剧作家、短歌诗人。日本青森县人。

　親がやらせたくても子供がやりたくなかったら、それは無理ですよね。でも子どもがやりたいなら、そのままで最高です。※イチロー。

　コメント:親の趣味が野球なら子供にも野球をさせようとします。親がピアノ教師なら子供にもピアノを習わせようとします。しかし親と子供は別の人間ですから興味が合わないこともあります。もしも合えば、それは幸福な一致です。

原文翻译

　父母一厢情愿，可孩子不想干，那就是强扭的瓜。但如果孩子自己想干，那由着他就是最好的做法。※铃木一朗。

　時代遅れになる原則は、そもそも原則ではありません。※ウォーレン・バフェット。

　コメント:上っ面の原則に踊らされてはいけません。普遍的な原則を見出すことです。それには原則を過去から現代までのいろいろな現象に当てはめて、適用できるかどうかを判断する必要があります。

基本語彙

時代遅れ【じだいおくれ】④(名・形動) 落伍，过时

原則【げんそく】⓪(名) 原則

上っ面【うわっつら】⓪(名) 表面

踊る【おどる】⓪(自五)(「～に踊らされる」的形式)受……摆布，给别人当枪使

普遍的【ふへんてき】⓪(形動) 普遍的,通用的
当てはめる【あてはめる】④(他一) 适用;对照
適用【てきよう】⓪(他サ・名) 适用;应用

原文翻译

落后于时代的原则一开始就不是原则。※沃伦·巴菲特。